北京未来城市设计高精尖创新中心项目（UDC2016020100）城市更新关键技术研究成果
北京建筑大学学术著作出版基金资助出版

U0647437

社区参与整治
——北京历史街区社区参与人居环境整治影响因素研究

孙 立 王一统 著

中国建筑工业出版社

图书在版编目（CIP）数据

社区参与整治——北京历史街区社区参与人居环境
整治影响因素研究／孙立，王一统著．—北京：中国
建筑工业出版社，2017.7

ISBN 978-7-112-20872-2

Ⅰ.①社…　Ⅱ.①孙…②王…　Ⅲ.①社区－城市规
划－研究－北京　Ⅳ.①D669.3

中国版本图书馆CIP数据核字（2017）第142057号

责任编辑：陈海娇　徐　冉
责任校对：焦　乐　李美娜

社区参与整治——北京历史街区社区参与人居环境整治影响因素研究
孙　立　王一统　著
＊
中国建筑工业出版社出版、发行（北京海淀三里河路9号）
各地新华书店、建筑书店经销
北京京点图文设计有限公司制版
北京中科印刷有限公司印刷
＊
开本：787×960毫米　1/16　印张：12¾　字数：173千字
2017年7月第一版　2017年7月第一次印刷
定价：**45.00元**
ISBN 978-7-112-20872-2
（30530）

序

　　人居环境整治是自人类定居以来的一个永恒课题，现代城市规划学科的产生与发展就是与现代城市人居环境的整治相生相伴的。近年来，由于人居环境整治领域中出现的政府失灵与市场失灵现象,基于治理思想的社区参与型人居环境整治方式得到普遍关注，并被证明是行之有效的。随着我国民主社会的日趋成熟，城乡人居环境治理领域中也越来越重视社区居住主体作用的发挥。

　　首都北京在京津冀协同发展的时代背景下迎来了全新的历史机遇，通过正在进行的非首都核心职能的疏解，将为区域的协调发展、为北京跻身世界城市铺平道路。得到疏解后的北京，作为国家历史文化名城，要创建世界一流宜居之都，其中大量存在的历史街区的人居环境问题能否得以有效整治，则更是关系到北京城市能否持续保持旺盛的经济活力与社会能否长治久安的重大课题。

　　拥有80年办学历史的北京建筑大学是住房和城乡建设部、北京市共建大学，是一所以土建类专业为特色，以工为主，工、管、理、法、艺等学科相互支撑、协调发展的多科性大学，是"北京城市规划、建设、管理的人才培养基地和科技服务基地"，是北京地区唯一一所建筑类高等学校。作为服务首都城市建设的高校，学校始终全方位关注首都的城市建设和发展，有着丰硕的实践与研究成果，也正是因此，我校申报的北京未来城市设计高精尖创新中心成功获批。创设北京未来城市设计高精尖创新中心，就是要通过建设国际一流的城市设计学科，融贯全球城市设计智慧为北京所用，高水平、全方位服务首都城市规划与建设。

　　作为我校北京未来城市设计高精尖创新中心研究团队的主要成员，孙立同志自1990年代开始进入城乡规划专业学习以来，二十几年如一日，始终从事城乡规划方向的学习、教学与研究工作。自公派海外求学归来后，一直关注社区参与城市人居环境的整治问题；取得东京大学博士学位继续回校执教以来，更对北京的城市人居环境整治问题开展了全面细致的研究，主持了多项与北京城市规划和建设相关的科研课题，研究成果丰硕，为首都城市的健康发展贡献了一份"北建大人"的心智。本书揭示出北京历史街区开展社区参与型人居环境整治应具备的内外条件，为北京历史街区的人居环境整治提出很有创意的思路与对策，可谓研究北京历史街区人居环境问题的有益之作。研究课题抓住北京历史街区这一特定对象进行针对性研究，其研究成果的整理出版对城市设计学科的本土化发展也是颇有价值的贡献。

谨此为序！

北京建筑大学副校长／建筑与城市规划学院院长

2017年初夏

前　言

　　人居环境整治是人类定居以来一个永恒的课题。现代城市规划学科的产生与发展也是围绕着如何有效整治现代城市的人居环境。在城市化进程中，城市中的历史街区人居环境同样面临着更新和整治的问题，成为当前世界各国、各地区都在关注的重大社会课题。

　　北京作为国家首批历史文化名城，城市中尚存大量的历史街区。但由于缺乏对城市历史街区价值的正确认识，北京之前进行的历史街区整治活动中，大多由政府或市场主导采取大拆大建的做法，破坏了社区中原本的社会结构和动态的生活文化，使得许多历史街区在整治过程中遭到难以修复的破坏。同时这种自上而下的改造模式在实践中频频遭遇来自历史街区社区民众的抵抗和社会团体的反对，引发了严重的社会问题。因此，反思传统的整治模式的弊端，探索可持续的保护更新模式势在必行。

　　近年来，随着治理思想的深入人心，通过社区参与治理历史街区的途径来整治其人居环境的做法日益受到关注。我国一些先行城市在历史街区整治实践中试行了社区参与模式，意图通过调动居民参与整治，达到历史街区的可持续更新，并取得了良好的效果。但目前北京的历史街区参与式整治属于零星试点，收效甚微，并没有出现成熟的可推广模式。本书旨在通过分析影响北京历史街区社区参与人居环境整治过程中的影响因素，探讨社区参与模式对于北京历史街区整治的适应性，并试图尝试性地提出适应于北京的社区参与模式建议。为便于论述，本书设定以下四个研究问题来展开调查和讨论：

　　1. 具有社区参与意义的历史街区整治实践在北京有哪些类型？

2. 这些历史街区整治实践中的社区参与情况如何？

3. 哪些因素在影响着北京历史街区人居环境整治中的社区参与？

4. 北京如何实现通过社区参与的模式整治历史街区的人居环境？

为实现以上研究目标，本书在系统梳理国内外历史街区整治和社区参与理论的基础上，通过总结国内外参与式整治实践的先进经验，发现不同表现形式背后各案例的共通之处，运用理论推导出通过社区参与实现人居环境整治的一般性影响因素。在此基础上，针对北京地区历史街区这一特定对象，结合特定对象的特有特征，提出北京历史街区社区参与型人居环境整治影响因素的理论假说，并在北京不同类型的参与型整治案例中予以实证检验，进一步修正理论模型。最后基于本研究的结论和对目前北京社会、经济状况的分析，结合各影响因素提出促进参与式整治的建议。

全书共分为七个部分：第1章绪论部分，阐述本书的研究背景、目的和意义、研究框架以及具体方法，简要总结国内外相关研究动态。第2章理论研究部分，对国内外社区参与整治历史街区的基础研究作以梳理，明确社区参与对于历史街区人居环境整治的重要性，并从理论出发研究影响社区参与的因素。第3章案例研究部分，对国内外案例成功经验进行梳理，总结归纳参与制度方面的影响因素。第4章北京市整治实况与社区参与型整治类型研究，将结合调研分析历史街区人居环境实况以及过去历史街区整治历程，分析参与式整治试点的类型。第5章影响因素分析部分，从理论研究得出的理性选择、社区认同和制度供给三方面具体分析历史街区人居环境整治中社区参与影响因素。第6章实证研究部分，以三个社区参与型历史街区整治试点为例，具体分析前文提出的影响因素对于社区参与整治的作用。第7章结论与建议部分，总结论文的主要研究成果，结合影响因素提出相应的促进社区参与整治的对策建议。

随着治理理念的深入人心，加之我国民主化社会日趋成熟，通过公众参与解决社会公共事务已是大势所趋。北京历史街区的人居环境整治采取过政府主导、市场主导等方式，但效果并不理想，如能实现社区主导，则可在社区人居环境整治上实现真正意义的可持续发展。历史地段人居环境整治是社会关注的热点，也是实践工作中的难点问题，本书是面向北京市该类问题的有效解决而进行的基础理论研究，期望本书所进行的学术探讨可以起到抛砖引玉的作用，引发社会各界对历史街区的人居环境的关注，积极探索可持续的整治途径。

　　由于作者水平与研究时间所限，书中定会存在很多疏漏和不妥之处，敬请各位读者批评指正！

作者

2017年初夏于北京

目　录

第4章
北京整治类型

第 **7** 章
结论与建议

第 1 章　绪论

1.1 研究背景

1.1.1 历史街区人居环境恶化

北京旧城的历史街区是这座历史文化名城传统文化的主要载体，同时也承担着重要的城市居住职能。随着20世纪90年代以来兴起的房地产业，全国范围内形成了大规模旧城改造的浪潮，使得我国旧城改造中利益博弈日益普遍，专家学者和居民对旧城改造的质疑越来越多，甚至引发社会不稳定事件，例如2006年广州恩宁路历史街区改造和北京钟鼓楼广场恢复改造项目。

由于缺乏系统性整治策略，经济利益驱动下的旧城整治改造往往关注于短期利益而大肆拆除原有历史街区，引起"建设性破坏"，历史街区的外在环境与内在原有风貌被严重破坏，历史文脉断裂。与此同时，在政府主导的自上而下的旧城改造整治中，当地原有居民的意愿得不到充分表达，缺乏社会多元主体的协商过程，处于弱势地位的社区居民只能被动接受规划方案；大规模拆迁改造引发的人口外迁，使得历史街区人口—社会结构发生了较大变化，破坏了原有社区生活和文化延续[1]，社区共同意识难以建立，文脉延续难以为继。这些地区人居环境的恶化问题日益严重，亟待整治，因此探索新的整治模式势在必行。

1.1.2 自下而上的参与模式日益发展

许多西方学者对20世纪60年代"大拆大建"的旧城改造运动进行多方面的

---

1 曲蕾.北京历史街区的文化延续性问题研究[D].清华大学，2003.

反思，认为旧城中心区整治应该被看作是综合社会、经济和文化多方面因素的问题，而不应该以大规模形体重新设计的眼光看待。

与此同时，关注社区发展的历史街区整治模式日益受到重视，已经在诸多国家和地区取得了成功经验，比如日本和台湾地区营造出以"自下而上"和"社区参与"实现历史街区的复兴为目标，凝聚社区居民共同意识，整治居住环境，更新产业，树立社区文化品牌的模式。北京的杨梅竹斜街通过让未搬迁居民共同参与改造，采用两权分离、多元合作的创新模式，根据不同居民及商家的特点及目标需求，弹性灵活地展开社区建设，取得了社会各界的一致好评。

1.2　研究目的与意义

1.2.1　研究目的

本书旨在分析影响北京历史街区社区参与型人居环境整治过程中的影响因素，并在典型案例中予以实证，研究社区参与模式对于北京历史街区整治的适应性，并尝试性地提出适于北京的社区参与模式建议。为了实现该研究目的，设定以下四个问题来展开调查和讨论：

1. 北京进行了哪些类型的社区参与型历史街区整治实践？

2. 这些历史街区整治实践中的社区参与情况如何？

3. 影响北京历史街区社区参与型人居环境整治的因素有哪些？

4. 这些影响因素在具体的参与式整治案例中的作用如何，是否有效？

1.2.2　研究意义

一方面，随着近些年来政府对城市遗产及历史街区保护规划事业的重视，规划领域对于历史街区的空间形态研究成果较多，但是运用社会学方法分析历

史街区整治规划的研究成果较少；对于规划方案的编制成果介绍较多，而对于
规划实施的效果评价较少；介绍国内外先进整治经验和参与制度的成果较多，
而对于运用参与式方法的本土实践研究较少。另一方面，北京的历史街区的整
治具有特殊性，表现在城市规划管理制度、社会组织方式、市民价值观、旧城
改造机制等诸多方面，不可照搬其他城市或国家的参与模式。

因此，针对以上三方面研究热点，本论文尝试做出新的突破，提出了北京
历史街区社区参与型人居环境整治的具体影响因素，并针对北京的特殊性提出
利于促进该地社区参与的建议，从而促进参与式方法在历史街区人居环境改善
中的运用，对指导实践工作具有一定的参考价值。

1.3 研究方法与框架

1.3.1 研究方法

（1）文献整理方法

充分地掌握国内外关于历史街区整治、社区参与、人居环境学等相关理论
的已有研究成果，分析影响社区参与的因素及其作用，对将社区参与理论应用
于历史街区人居环境整治理论有全面的认知。

（2）案例研究法

对国内外一些先行城市和地区的社区参与型历史街区整治案例进行深入分
析，借鉴其成功经验，分别总结其制度环境和参与渠道两个方面的可借鉴之
处，提炼出对社区参与产生积极影响的制度供给因素。

（3）实地调查法

选取一些北京典型的历史街区进行实地走访和详细的问卷调查，分别充分
掌握其社会结构和物质空间两方面的现状，并了解这些历史街区整治中的社区

参与情况。

（4）比较分析法

借助比较的方法分析之前提出的理论假说中不同的影响因素对于社区认同和公共物品的影响程度，对比分析国内外两种制度供给条件下社区参与的作用效果，得出制度供给条件包含的影响因素。

（5）归纳法

根据所得出的必要条件和社区参与限制因素，归纳分析北京历史街区人居环境整治中实现社区参与的策略建议。

1.3.2　研究框架（图1-1）

1.4　国内外相关研究动态

1.4.1　国外研究动态

国外对于社区参与的研究起步较早，与历史街区整治相关的研究集中在城市规划、社区规划和遗产保护三个方面。

（1）城市规划领域的社区参与

1947年，英国出台的《城乡规划法》首次提出，允许公众发表对城市规划的意见和建议，这标志着公众参与思想在城市规划领域初现端倪；1962年，保罗·达维多夫（P. Davidoff）认为城市规划实际上是一种对社会资源进行分配的公共政策，为了使社会利益能被公平分配，应当由代表不同利益的相关方的人员来一起商讨城市问题的解决方案，从而提出了"倡导性规划"理论；1969年，谢莉·安斯汀（Sherry Arnstein）提出了将公民参与城市规划的程度分为"无参与""象征性参与"到"市民控制"3个参与层次和8种参与形式，从而建

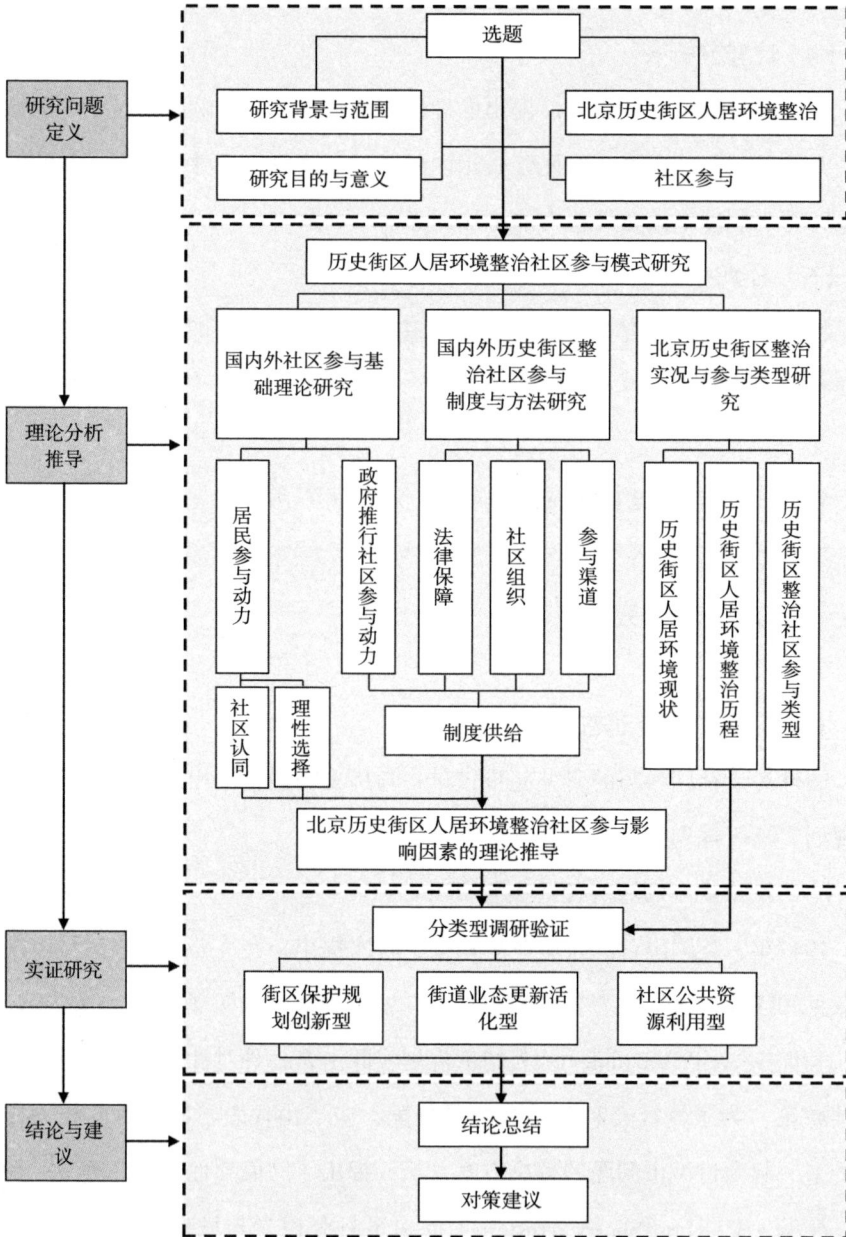

图1-1 本书研究框架

立了明确的公众参与城市规划的理论模型，她还将公众参与规划的不同阶段用从低到高的阶梯做比喻，这就是著名的"市民参与的阶梯"理论（图1-2）。

到20世纪80年代，塞杰（Sager）与英尼斯（Innes）呼吁规划师要发挥沟通与协调能力，密切联系相关利益方，以此来促进城市居民参与到各项规划当中，从而提出了"联络性规划"理论。随后，哈贝马斯（Habermas）试图直接从民主政治发展的角度上做出突破，意在建立不同于政府和市场的第三种社会资源配置模式方式，让公众参与城市规划，提出了"商议性政治"思想。到20世纪末，桑德科克（Sandercock）强调多种主体在城市规划中的不同参与作用，创造性地提出了"具体运用多元主义"思想。从城市规划领域中社区参与理论的发展历程来看，城市规划的社会利益协调的作用逐渐受到重视，提倡多方参与尤其是普通公众的参与是城市规划的发展趋势之一。

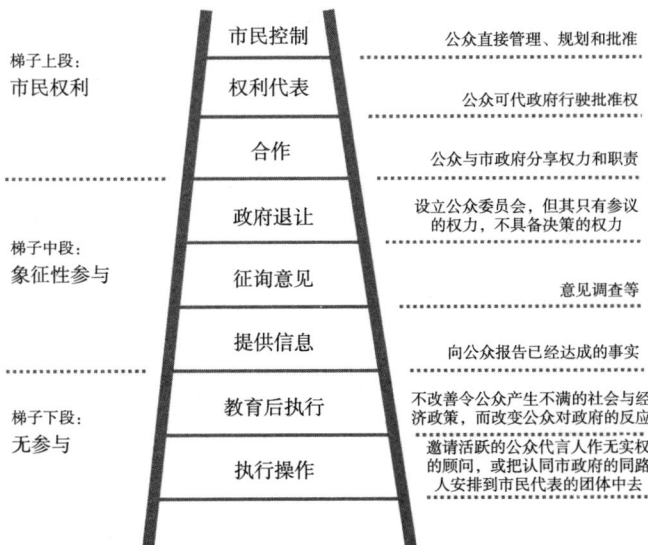

图1-2 "市民参与的阶梯"图解

资料来源：作者根据资料整理。梁鹤年. 公众（市民）参与：北美的经验与教训[J]. 城市规划，1999（5）：49–53.

（2）低收入社区整治领域的社区参与

20世纪50年代，联合国为解决二战后发展中国家和贫困地区的发展问题，提出鼓励和推动社区发展的策略，其目的在于通过非政府公益组织（non-government organization）的支援，根据社区居民的需要，依靠社区居民的参与来实现地区生活基础设施的提升，其发展历程可以大致分为四个阶段。

第一阶段：1970年代初期，发展中国家政府为低收入人口建设非营利廉价住宅，但是由于贫困人口的支付能力有限而难以入住最终宣告失败，此阶段被称为"公共供给"阶段。第二阶段：世界银行为自主建造房屋的行为提供贷款，使得很多贫困人口获得了住宅和居住环境改善，著名案例是印尼的KIP（Kampung Improvement Program）依靠居民对街道、排水、公厕等基本的生活设施进行整治，获得了较好的效果，但是随着与政府的土地制度、金融制度的不相协调而逐渐流于形式，这一阶段可以概括为"自助努力"阶段。第三阶段：改善贫民窟的整治转变为以NGO为主要支援力量的模式，即NGO负责提供专业技能培训和组织实施。居民参与到社区公共事业并产生积极影响的著名案例有欧兰奇（Orangi）的饮水工程，欧兰奇位于巴基斯坦的最大城市卡拉奇边缘，是一个非法占有区，政府拒绝为其提供支持，而NGO为社区居民提供了饮水管道的低成本技术支撑，从而实现了居民参与改造饮水设施。第四阶段：NGO与政府达成伙伴关系，为这些社区自组织提供小额贷款，帮助居民实现创业增收，促进居民加入社区组织，实现社区最终自我发展，这一阶段可以被概括为"自我发展"阶段，著名的案例有泰国的非政府组织UCDO（Urban Community Development Organization）发起的"社区抵押"活动，该活动通过抵押社区土地，向社区组织发放贷款，提升社区居民增收的能力后再由社区组织还款，最终目的是为了让居民团结在社区组织内，实现社会环境和物质环境的双重整治[1]。可见，社区参与对于低收入人口聚居区的整治具有难以替代的作用。

（3）历史区域更新中的社区参与

在国外的历史区域和旧城改造领域，社区参与发挥着重要的作用。作为历史街区社区内的原始居民，一些草根组织通过各种手段努力复兴他们所珍视的环境，如美国的萨凡纳历史保护基金会和日本的爱妻笼会萨凡纳历史保护基金会在其成立后的50年间，对城市中的2000余栋建筑进行详细测绘并给予修缮补贴，通过购买已经遭受破坏的老房屋再转售给愿意保护老建筑的房主的方式，拯救了1700多栋历史建筑，使其成为全美国最大、保留最完整的历史街区之一。日本的爱妻笼会是日本社区总体营造运动中最具代表性的历史街区保护的民间组织，针对妻笼地区中心城市地位的下降而带来的人口外迁问题，当地居民组成爱妻笼会并决心通过保护历史建筑、振兴旅游业来振兴城市。他们提出了"保护型再开发"的口号，十分重视当地居民的生活条件的改善。在旅游观光业有所起色的时候，为了应对开发商的投资破坏行为，爱妻笼会联合当地居民制定了居民宪章，抵制破坏当地文化的房地产开发行为。英国在民间组织多年的不懈努力下，政府同意成立全国性的草根组织——市民协会（Civic Society），以保护和抢救历史建筑，其影响力已经深入到英国的各个社区中，对城市更新项目和规划起到了监督作用。从国外的旧城更新事业中可以得知，历史街区的更新已经走出了将历史街区保护和社区发展相结合的新路子，且多以民间为发端，最终实现与政府分享权力的状态，其目的可以大致分为两类：一是政府或大型非政府组织发起的以促进社区就业、改善社区居住环境为目标的行动，这类行动需要调动更多的公共资源和手段；二是民间组织发起的以保护历史建筑、反对房地产开发和发展旅游业为目的的实践。

1　孙立，沈莹，城所哲夫.发展中国家城市贫困地区居住环境整治初探[J].现代城市研究，2011（10）：24-27.

1.4.2　国内研究动态

国内学者对于社区参与的研究集中在城市规划制度如何融入公众参与和旧城更新整治领域。

（1）城市规划中社区参与研究

我国的《城乡规划法》中规定，公众可以通过论证会、听证会、公告、公布、公示、村民会议或村民代表会议以及其他渠道发表对于城市规划的意见和建议，同时还设立了规划公示30天的制度，属于征询公民意见的参与层次，这一阶段的市民、利益集团或规划编制人员都只有参议权而没有决策权。公众参与还处于"市民参与的阶梯"中段，即"象征性参与"[1]。

围绕着我国目前城市规划体系中公众参与存在的问题，国内诸多学者对其进行了深入研究。其中，同济大学孙施文教授认为我国城市规划公众参与的主要症结在于现有的制度和法律规定难以保障公众的各个阶段的知情权、参与权和决策权，参与各方对于公众参与认识不足：规划者对于公众参与的认识停留在"我制订，你执行"的阶段，而市民由于对自身权益认知欠缺，主动参与规划的热情匮乏。北京市社会科学院的鄢圣文（2010）认为北京的社区参与限制问题有三个方面：首先是居民参与途径较少；其次是管理体制缺乏组织保障和激励机制；最后是参与机制缺乏完善的支撑保障体系[2]。

（2）旧城保护中的社区参与研究

国内学者对于旧城整治更新领域的社区参与研究主要集中在对参与式整治的重要性进行呼吁。清华大学的王亮（2003）认为历史街区的风貌塑造离不开自古就有的居民自主建造，居民参与整治更新符合渐进更新的改造原则，社区

1　禹婧. 北京市流动人口聚居区"社区参与型"人居环境改善影响因素研究[D]. 北京建筑大学，2015.

2　鄢圣文.世界城市建设：北京社区参与机制探讨[J].北京规划建设，2010（5）：60–62.

真实的生活氛围和传统文化应该被列入保护的范畴[1]。焦怡雪（2003）从两个方面阐述了社区参与同历史街区的关系，认为历史街区的社区属性决定了居民参与环境整治的必要性，社区参与有利于历史街区整治的可持续性。

国内学者同时对旧城历史街区环境整治中的社区参与不足提出了多方面对策。如天津大学杨昌鸣指出应使公众与政府形成互动协调的关系，渐进地促进历史文化街区物质环境更新。清华大学汪坚强（2002）提出了推动社区参与的四方面的建议，首先要转变参与各方的思想观念，其次立法保障参与权利和责任，再发挥组织机构的枢纽作用，最后要落实操作方法[2]。中国社科院李小敏（2005）提出旧城整治更新中的公众参与机制应该立足于社区，并从三个方面提出建议：①构建多元主体协商机制；②立法并监督施行；③促进第三方组织和社区团体的发展，充分发挥其链接政府与社区的纽带作用[3]。

（3）历史街区整治中的社区参与

此领域的国内学术研究成果集中在两方面：一方面是关于一些先导经验的介绍；另一方面是关于推行社区参与治理历史街区的必要性的讨论。

我国从国外引入参与式方法较晚，在经历了大规模拆迁的教训后，于1990年代开始引入参与式整治方法。1999年的泉州市青龙巷历史地段规划是在政府的主动推动下进行的，规划师与当地社区居民初步建立起合作关系，社区开展了多次整治公共环境的研讨会，并最终形成了改造老屋的建造导则[4]（焦怡雪，2003）。2006的广州恩宁路整治规划就是在居民自发保护的背景下发生的一次参与式规划尝试，规划方案由最初政府提出的全部拆除到过程中的居民抵制拆

1 王亮.北京历史文化保护区规划中"居民参与"的理论与实践研究[D]. 清华大学，2003.
2 汪坚强."民主化"的更新改造之路——对旧城更新改造中公众参与问题的思考[J]. 城市规划，2002（7）：43–46.
3 李小敏. 城市规划及旧城更新中的公众参与[J]. 城市问题，2005（3）：46–50.
4 焦怡雪.社区发展：北京旧城历史文化保护区保护与改善的可行途径[D].清华大学，2003.

迁再到最终达成的部分拆迁、局部重建方式，可以看出不同社会力量的博弈过程[1]（谢涤湘、朱雪梅，2014）。2008年汶川地震后都江堰市老城西北侧的西街历史街区的建筑均存在着不同程度的受损，为了保护这些历史建筑，当地政府联合规划部分组织了参与式改造规划编制行动，但是由于没有协调好公众利益和私人利益的关系，最终没有形成多方和谐共建的局面[2]（钟晓华，2015）。

周婕在"从博弈到平衡：中西方旧城更新公众参与价值观探析"（2017）一文中从中西哲学观的根本性不同出发，分析了中西方旧城更新中价值观的不同，提出了要借鉴西方的社区参与制度，但也要注重与我国社会机制的协调关系[3]。刘杰希（2016）在分析台湾地区的社区参与时提出了四个方面的可借鉴性：一是社区参与能够向居民提供更优质的环境和更便利的生活；二是延续地域文化脉络；三是平衡历史街区多元主体利益；四是推动历史街区整治可持续发展[4]。吴丹（2012）则从社会治理的政府、市场和社区三方关系入手分析各主体对于历史街区整治的诉求，从而提出"三元互动"的历史街区更新整治模式的优势所在[5]。

以上为国内学者对于历史街区中的社区参与的研究动态概述，可以总结出三方面的特征：一是重要性的呼吁多于实质性的解决方案设想；二是研究宏观思想层面的建议多于微观实施层面的操作方法；三是城市规划视角多，社会、经济、管理学角度研究较少。本书将尝试在以上三方面做出突破。

---

1 谢涤湘，朱雪梅. 社会冲突、利益博弈与历史街区更新改造——以广州市恩宁路为例[J]. 城市发展研究，2014，21（3）：86-92.
2 钟晓华，寇怀云. 社区参与对历史街区保护的影响——以都江堰市西街历史文化街区灾后重建为例[J]. 城市规划，2015，39（7）：87-94.
3 周婕，姚文萃，谢波 等. 从博弈到平衡：中西方旧城更新公众参与价值观探析[J]. 城市发展研究，2017（2）.
4 刘杰希. 基于社区营造的居住性历史街区保护更新研究[D]. 重庆大学，2016.
5 吴丹. 基于社区的"三元互动"旧城更新规划策略研究[D]. 华中科技大学，2012.

第 2 章 理论研究

本章从理论角度出发，对国内外有关历史街区人居环境整治与社区参与的基础理论进行系统剖析。首先对本研究相关的基本概念做了解析和界定，其次对历史街区整治和社区参与两方面的基础理论进行归纳梳理。在历史街区整治的基础研究方面，重点分析了历史街区保护与整治理论的发展历程和未来方向；在社区参与基础理论研究方面，探究了社区参与思想指导下的整治实践在世界范围内兴起的原因，进一步研究实现社区参与治理的一般条件。

2.1 基本概念界定和基本认识

2.1.1 历史街区

关于"历史街区"的概念，目前学术界比较认可的定义是由同济大学的阮仪三教授总结提出的三个标准：一是历史原真性，指街区内应保存有一定数量和比例的记载历史信息的真实的物质实体；二是生活真实性，指不仅是历史上人们生活和工作的地区，而且现在也仍然是社会生活中自然有机的一部分；三是风貌完整性，指一定区域范围内的风貌基本一致且物质环境可整治。

他同时指出历史街区的划定范围应该兼顾两个方面：一是从保护历史风貌的相对完整性出发，所划范围不能太小，因为要保证相对完整的社会生活单元[1]；二是由于要保持历史原真性和空间外观等特征，要对建设行为进行诸多限制，因此划定范围又不宜太大。同济大学的王骏博士在其博士论文"历史街区

---

1 阮仪三.我国历史街区保护与规划的若干问题研究[J].城市规划，2001（10）.

保护"中提出，历史街区具备展现宏观社会文化背景的重要作用，因此要传承和发扬其"生活文化"。

与历史街区相近的概念是历史地段，此概念在1986年国务院公布的第二批国家级历史文化名城时正式提出的，规定了历史地段是指文物古迹较为集中，能较为完整地体现某一历史时期的传统风貌和民族特色的街区、建筑群、小镇、村寨等。根据其综合价值，可核定公布为"历史文化保护区"。因此，历史地段的概念相比历史街区，缺乏其生活和社区属性。

参考比对上述定义，本书将历史街区定义为：保存着一定数量和比例的承载历史信息的真实历史遗存，且其历史风貌较完整的一定范围的城市（镇）生活街区。

北京市内分布着规模庞大的历史街区，根据以上概念解析，将研究对象限定在旧城范围内的33片历史文化保护区（图2-1），它们均被2007年《北京市"十一五"时期历史文化名城保护规划》收录。

2.1.2　人居环境整治

人居环境指的是人类居住生活的自然、经济、社会和文化环境的总称。对人居环境的整治强调的是对物质和文化多个方面的综合治理，人居环境整治的对象包括空间层面也包括社会层面，因而对人居环境的整治也具有复杂性和系统性的特点。北京历史街区人居环境整治工作的内容包括两个层面：一是空间形态残缺、物质空间衰败等物质层面的内容；二是人口过度密集、产权混杂、管理制度不健全和社会结构不稳定等社会层面的问题。

2.1.3　社区

"社区"一词源自西方拉丁文的Communis，有"紧密无间的伙伴关系"的

图2-1　北京旧城文物保护单位及历史文化保护区规划图
资料来源：北京城市总体规划（2004-2020）

含义，诸多西方学者认为此含义是社区最本质的特点之一，他们同时认为形成社区的最初基础是某一地域范围内的人的情感联系，而非现代经济造就的契约关系，因此有了"社区"与"社会"两个相对的概念[1]。

在1952～1979年的30年间，我国的城市住房制度实行的是"单位制"，即供职单位提供住房、医疗、教育、养老等公共服务，公民没有"社区"的概念，只有"单位"的概念。这种"单位制"大院受行政和计划经济影响较大，

1　赵民."社区营造"与城市规划的"社区指向"研究[J]. 规划师，2013，29（9）：5–10.

但这种"单位住区"事实上已经体现出社区的部分特征和要素，居民的社区认同感可以用单位认同感来代替。

20世纪80年代初，在改革开放的催化下，社会主义市场经济体制逐步建立，许多国有企业实行市场化改革，逐渐成为自负盈亏的市场实体，很多国有和集体单位改革"企业办社会"的做法，停止为单位员工提供诸如住房、教育、医疗、养老等公共服务，并将管理社会人口的工作移交给了地方政府和街道社区，新的街道—社区居委会管理体制也逐渐形成，社区接收了原先由单位所承担的大量社会职能。1987年民政部门提出"社区建设"的命题，正是为了对应大院制转移出来的公共服务职能。至此，"社区"的概念才随着官方的认可被民间所接受，并逐步形成了城市的基本管理单元，目前官方认可的社区的地域范围是指居委会的辖区范围。

综上所述，社区是指聚居在一定地域范围内的人们所组成的社会生活共同体。它包括以下四方面特征：具备一定地理区域；有一定数量的人口；居民之间有共同认识；利益及较频繁的社会交往。结合我国的社会制度环境，社区具体的地理范围是指社区居委会的辖区范围，以人口为划分标准，一般一个居委会的人口规模大概为10万人。

2.1.4　社区参与

国内外对"社区参与"（community participation）的定义有很多种说法，最初的社区参与起源于20世纪50年代的欧洲农村发展规划，通过让居民参与到有组织的生产过程中，实现集体的整体收益大于个人收益之和的效果。因为农村的社区参与多为生产导向，村民兼具受益者与生产者的身份，更容易被调动起来，所以当时社区参与活动在农村中的开展比城市中更为顺利。

有着多年社区参与组织经验的澳洲国家发展援助局认为，社区参与是社区的成员参与到本社区未来发展过程中，参与的内容包括制定决策、实施以及维护等环节，从而包含了影响居民自身的一切社区发展事务。这就意味着社区参与是一种新的发展和建设方式，它以社区利益为未来发展规划的出发点，而抛弃了原来将政府意志强加于社区的模式。

关于社区参与的研究，国内学者偏向于定义方面。其中孙慧民认为，社区参与包括社区居民对社区责任的分担和利益的共享两方面，居民个体都能通过贡献自己的力量获得促进社区整体发展的机会。而王琳认为，社区参与是社区居民主动自觉地参与社区事务的管理并关注社区发展，是社区成员对各种决策及其行动的参与，极大影响整个社区的建设和发展。

与社区参与相近的概念是公众参与（public participation），其区别体现在于参与的主体，一个是"公众"，另一个是"社区居民"。"公众"是对城市居民的统称，有普遍的含义，所以公众参与多指市民参与一切公共事务，包括选举、立法表决等政治领域；而社区参与多指一定地域内的居民联合体对于社区事务的参与，因此，社区参与研究集中在社区这一对象上。

综上所述，社区参与的定义是指社区内的居民从获取权利到决策制定和管理，最后分享利益的一个过程。在研究历史街区社区时，是指社区居民参与到历史街区人居环境整治的各项事务中，包括建立社区参与组织机构，居民参与前期民意调查、决定整治措施、管理历史街区社区公共设施等社区事务，并享有历史街区社区发展增益的过程。

2.2 历史街区整治基础理论

2.2.1 历史街区保护思想的发展

在经历了工业革命和两次世界大战之后，人类的历史建筑和环境面临着严峻的存续挑战，作为城市中重要的居住功能的片区，历史街区面临着物质环境和社会环境不断恶化的问题，为此世界各国开展了诸多方面的整治探索。早在18世纪，欧洲率先开展保护历史古迹的立法工作，之后国际社会为进一步促进文化遗产的保护，制定了一系列纲领性的国际宪章、公约和建议。

1930年的《雅典宪章》强调要保护建筑单体；1964年《威尼斯宪章》提出的对历史街区的整体保护；1977年《马丘比丘宪章》提出"对一般文化传统的继承和保护好城市的历史文化街区同样重要"；1979年的《巴拉宪章》提出不仅要保护历史建筑的物质环境，而且要为历史建筑注入新活力，使其发挥新的社会职能，历史遗产保护开始关注地区的社会发展和延续；1987年《华盛顿宪章》宪章提出，要尊重原居民的生活方式和居住文化，让居民参与到历史保护中，把保护物质空间及文脉的延续相结合；2008年联合国教科文组织宣传册《大家的历史街区——实现可持续复兴的社会化人性化方法》进一步指出"居民是复兴工程的中心"[1]。

从这些文件的发展历程可以看出文化遗产保护思想的变迁，从中可以看出，重视历史街区社区居民的参与是实现历史区域文化延续的重要途径，同时也是实现历史区域环境整治更新的必要条件。

2.2.2　历史街区整治更新理论的发展

历史街区的整治更新要求总是和现代城市经济发展需求存在矛盾，在历史街区的风貌保护的前提下，如何平衡经济的发展成为整治更新面临的巨大挑战，成为世界各国都面临的问题，西方的旧城更新起步较早，其指导理论和整治实践也经历了多次转折[2]。

1　大家的历史街区——实现可持续复兴的社会化人性化方法.联合国教科文组织宣传册，2008（7）.
2　刘蔓靓.北京旧城传统居住街区小规模渐进式有机更新模式研究[D].清华大学，2006.

二战后西方国家面临严重的住房紧缺问题，受现代主义城市规划和建筑理论的影响，西方国家普遍开展了大规模的"城市更新"运动，采用大拆大建的方法试图建立宏大的城市蓝图，导致的后果是大量的历史性城市的风貌被严重破坏，而贫困人口的住房问题因为其本身支付能力的限制而无法实现，新建的居住区被中产阶级获得，反而加剧了城市旧城历史区域的退化。

20世纪60年代，西方学者开始对原来的旧城改造模式进行反思，如著名的芒福德的《城市发展史》（1961）对大规模形体规划来处理社会文化问题的做法提出质疑，而J.雅各布斯的《美国大城市的生与死》（1961）直接对近代以来形成的城市规划经典理论进行批判，与此同时，他们都对注重社会网络保护的小规模的做法给予了较高的评价。

之后的旧城更新政策转向了住宅的修缮和居住环境的整治，旧城中心的商业区因此也得到了复兴，整治工作的重点转向了以社区为单位的综合整治和社区经济的发展，在此过程中，将文化传承、保护生活特色与促进文化产业发展相结合，把居民组织到社区团体内，从而实现社区自我更新能力的提升。至此，大规模拆建的旧城环境整治被社区参与型综合发展策划所取代，成为目前西方乃至东亚发达国家旧城更新的主要形式。

2.2.3　历史街区整治的总体趋势分析

基于以上两个方面的理论归纳和总结，可以将历史街区整治的总体趋势概括如下。

（1）可持续整治

历史街区拥有物质空间和社会文化两方面的不可再生资源，要实现其可持续整治更新，需要更加关注原住民生活的延续和文化的传承复兴，不仅要关注传统物质层面（如建筑风貌、街巷空间、肌理尺度）的可持续整治，而且要关注社会层面（如社会团结、和谐稳定、网络联系）的可持续发展。

同时应该清醒地认识到，如果整治只是政府居高临下地分派任务、指定要求，甚至足以平衡的补偿和激励措施都不够，就很难维持一个富有活力的、可持续的整治事业[1]。解决历史街区整治的问题不能单纯地依靠政府投入，同时也要避免完全市场化改造所产生的各种问题，只有在政府引导、社区参与和市场化协助的整治框架下，才能有效降低整治活动中的社会成本和经济成本[2]，实现可持续整治。

（2）协调多元发展诉求

正如联合国教科文组织的宣传册《大家的历史街区》所倡导的："复兴就是在有关经济发展的法律、居民的权利与需求和突出城市作为公共财产的价值之间找到一个满意的平衡点。"为了寻求这种平衡，政府有必要联合多元主体，其内涵体现在三方面。

首先，单纯依靠政府投入已无法满足历史文化街区的整治更新，这种投入不仅指资金方面，而且从策略上政府也需要其他多元主体的介入才能保证实施，应该积极调动社区居民、社会团体、公益组织和NGO等加入到历史文化街区的可持续整治中。其次，多方参与的旧城整治的内涵应是决策上的公开化、投资上的多元化、设计上的交互化和管理上的民主化[3]。最后，多元利益的协调由目前追求单纯的房地产收益转向改善居民生活环境、历史街区风貌多元利益为目的的历史街区复兴，个体经济将发挥更大的作用。

（3）重视社区参与

社区参与可以将历史街区整治更新与居民利益结合起来，调动居民维护自

1　魏成.政策转向与社区赋权：台湾古迹保存的演变与经验[J].国际城市规划，2011（3）：91-96.
2　王郁.城市低收入社区参与型改造的理念与实践——发展中国家的经验和启示[J].城市问题，2006（5）：56-61.
3　喻涛.北京旧城历史文化街区可持续复兴的"公共参与"对策研究[D].清华大学，2013.

身权益，使之主动参与社区治理与居住环境改善和历史街区保护，培养居民的保护与维权意识，与其他关心历史街区发展的主体共同促进可持续复兴。同时，街区社会生活和文脉延续的原生动力就是居民对街区整治更新的参与，参与本身也是提高街区文化内涵的根本途径。

从国内外理论和实践对于历史街区整治的认识过程可以看出，现代社会不再将历史街区仅仅看作是历史信息的物质载体，而更加注重其实际发挥的城市有机体的一部分，尤其对于北京的历史街区来说，其承担了大量的城市人口，居住社区的功能更加突出，因此对于北京历史街区的整治应该在注重公共利益保护的基础上，强化对于社区利益导向，而不是商业性开发的目标导向或者政治性的目标导向，其服务的对象应该是社区中工作和生活的城市居民，而不仅仅是保护历史建筑物质这一公众财富。因此，采用社区参与模式整治历史街区所隐含的目的和性质就是要在保护历史街区风貌和发展地方经济的过程中更加兼顾社区的良性发展。

总结以上三个方面，提高社区自身整治能力，建立协调各方利益的长效机制，重视社区的主体地位，运用社区参与的方法，将是未来历史街区的整治方向。

2.3 社区参与基础理论研究

2.3.1 社区参与背景

（1）社区发展与公共选择理论

第二次世界大战之后，许多原来的殖民地国家都存在着贫困问题，由于本国政府经济能力有限，再向发达国家寻求帮助无果后，联合国提出了调动社区力量和民间资源来缓解政府压力的设想。为了实现这一计划，联合国于1952

年成立社区组织和发展小组，之后更名为社会局社会发展组，他们在亚洲、非洲、南美洲的欠发达国家开展的社区发展运动取得了一定成绩。1959年，英、美等国也开展了针对贫富差距悬殊、居住隔离等社会问题的社区发展实践运动。

社区发展运动能够在世界范围内得到重视和推广，与公共选择理论的兴起有很大关系。之前的经济学认为私人物品的提供者应该是市场，但是因为"搭便车"和"外部性"[1]的问题，决定了"公共物品"[2]的提供者不能是市场而只能是代表公众利益的政府，也就是所谓的"市场失灵"。但是公共选择理论认为政府无法有效地提供"公共物品"[3]，其原因有三方面：一是政府产出会因垄断问题而无法保证质量和效率；二是公众难以对这种产出的质量和效率进行监督和控制；三是由于政府的规章制度和奖励机制缺失，其提供"公共物品"的内部动力不足。公共选择理论进一步提出应该由非政府组织（NGO）来提供"公共物品"的供给，非政府组织具有规模小、自治性强、效率高等特点，并希望通过社区发展运动解决两方面的社会问题，即社区福利的供给困难和社区缺乏居民的参与精神和社区团结。在此思潮的影响下，西方一些先行国家开始尝试将公共服务社区化，并引发了社区组织和社会团体的发展壮大，社区参与成为社区发展实践的基础和核心。

（2）社区建设理论

在改革开放之前，我国长期处于政府直接控制和分配资源的计划经济体制

1　外部性：它是一种可以使其他人无须付出代价便可获得的经济活动所产生的结果，在这种经济活动中，由于产生外部经济的部门无法从其他部门获得报酬，因而会发生单个成本和社会成本的偏离，单个收益与社会收益的偏离。

2　公共物品：公共选择理论的创立者布坎南认为公共物品是指"任何由集团和社会团体决定，为了任何原因，通过集体组织提供的物品和服务，被定义为公共物品"。公共物品的最重要特征是非排他性和消费的共用性，即公共物品是共同消费、难以排他的物品。

3　（美）丹尼斯·C·缪勒.公共选择理论[M].杨春学，李绍荣等译.北京：中国社会科学出版社，2010：303-335.

之下，社会由各个单位构成，居民的日常公共服务全靠政府大包大揽，对公共资源的配置实行自上而下的垂直式管理，在这种"单位制"社会管理模式下，居民的社会福利由单位负责，因此当时的社区居民组织"街道—居委会"并没有实质性的管理能力和地位。直到1970年代之后，社会主义市场经济体制逐渐建立，企事业单位随着国企改革退出了公共福利和公共服务领域，对原来的"大院"制度形成解构作用，社区的公共服务及物业管理出现了"真空"，引起社会失序和不稳定。

在这样的背景下，1991年民政部明确提出要借鉴国外社区建设及经验；2000年底，中共中央办公厅、国务院办公厅转发了《民政部关于在全国推进城市社区建设的意见》（以下简称《意见》），社区管理改制进程开始在全国范围内进行。《意见》指出，"推进城市社区建设，是巩固城市基层政权和加强社会主义民主政治建设的重要途径"；同时又指出，"企业剥离的社会职能和政府转移出来的服务职能，大部分要由城市社区来承接"；提出要"大力推进社区民主、自治建设"。从中可以看出，在市场经济体制替代计划经济体制的背景下，政府推动社区建设的目标在于建立新的社会基层管理机制，以填补单位管理制解体所转移出来的社会服务空位，而且也有一定的化解政府管理压力和保障城市稳定的意图。

市场经济机制的形成重塑了社会资源配置的规则，当前我国政府、市场和社区三者之间的关系已经发生了深刻的变化，社区已经部分承担起了政府不能有效提供而市场又不能进入的公益性服务。更为重要的是，社区的发展亟须一个平台来协调"自上而下"和"自下而上"两种管理制度，而推进社区参与则有助于建立政府、市场和社会三方主体的顺畅衔接关系，从而搭建起社区治理的管理平台。

2.3.2 社区参与条件

国外学者对于社区参与条件的研究起步较早，形成的研究成果也较多，主要集中在居民参与社区治理的动力研究方面。此方面的研究可分为两个领域：一是从社区治理模式的优势出发，从利益选择方面考察居民参与社区公共事务的动力；二是社区认同（sense of community；community attachment）的研究，主要研究居民参与社区公共事务的情感方面的原因及哪些因素影响社区认同。

因此本书也将从居民参与社区事务的动力的视角出发，综合分析构成居民参与社区治理动力的两方面条件：一是在面对公共服务提供方式的选择时，居民出于怎样的利益性考虑而选择社区治理模式，即居民的理性选择；二是除了利益性的因素外，居民对于社区的价值认同和情感性因素。简而言之就是"理性选择"和"社区认同"。

（1）理性选择

根据郝克特的观点[1]，将居民的情感因素排除，从理性人选择的视角看，居民参与社区事务的原因是基于社区能够为居民提供其他渠道所无法达成的利益的判断，这种公共利益由于政府和市场无法有效提供，其提供者只能转向社区或和社区结合紧密的第三方组织，因此，可以得出居民参与社区事务的原因是出于对社区提供的"公共物品"的依赖。

如日本在阪神大地震之后，社区市民团体和志愿者的行动迅速有效，成功地组织社区居民进行救灾活动，获得了日本民间的极大支持，相比而言政府的行动却迟缓而无效率，此次事件之后，民众对于政府的信心下滑，并要求政府推出在公共治理领域促进社区组织和三方公益组织发展的法案。迫于民众的压力，日本政府于1998年12月签署了《特定非营利活动促进法》，赋予非营利组

---

1 （美）乔纳森·特纳.社会学理论的结构（上）[M].北京：华夏出版社，2001：321–322.

织以法人地位，使社区营造有了良好的制度环境，从此，市民组织和公益组织在资金、活动的持续性上及技术上均有了较大的突破，并将其公共服务范围从历史建筑的保护扩展到社区生活的各方面。由此可见，民众选择社区组织而非政府的根本原因是出于对利益的理性选择。

因此，从上述理性选择的视角可以推论出如下判断：社区治理的内容符合居民的需求，才能有效调动居民参与的积极性，居民参与社区事务的积极性与其对于社区服务的依赖程度有关。

（2）社区认同

随着现代社会的发展，居民对社区的依赖度逐渐降低，但是归属感和共同价值认同仍然对居民起着重要的心理作用，社会认同理论的提出者凯丽（Kelly）认为，在社区参与活动中，居民对于社区的认同感是参与的重要动力，很多种情况下居民是出于对社区的感性认同而不是对社区利益的追求而参与社区事务的。因此，居民个体对于社区的认同程度与参与社区活动有正相关关系。

如什刹海大石碑胡同12号院落内的两位老人，她们对于自己居住了50多年的胡同非常有感情，在2006年的什刹海房屋修缮试点中，即使得知按照《规划方案》和《实施细则》修缮房屋比一般自主改造要多花很多费用后，也愿意参与修缮，并积极与设计人员沟通改造方案，并承担大部分改造费用，最终还复原了院落的部分原貌。

实际上，利益选择和社区认同之间也是相互加强的关系。一方面，居民参与社区集体事务的过程本身就是培育出居民的紧密关系和对社区的价值认同的过程，在社区个体因为对社区公共服务的诉求而形成"结构性凝聚力[1]"后，

1　结构性凝聚力：由于资源依赖而产生的群体凝聚。（美）乔纳森·特纳. 社会学理论的结构（上）[M]. 北京：华夏出版社，2001：333-347.

在交往的过程中也能形成"关系性凝聚力[1]";另一方面,社区认同的增强,又能提高社区成员对于共同利益的意识,从而达成更紧密的利益共同体关系。因此在研究居民参与社区治理的动力时,有必要结合理性选择和社区认同两个视角[2]。

（3）制度供给

据上述可知,社区能为居民提供"公共物品"是居民参与社区活动的前提,但"公共物品"具有潜在性和非迫切性的特点,一些学者认为潜在利益和非迫切性利益转化为现实的利益,取决于制度环境是否健全[3]。

我国的社区参与程度明显地受到制度环境的影响[4],在公众参与规划制度较为先进的沿海地区,如上海、深圳、广州,公民参与规划的程度很高。《深圳市城市更新办法》规定城中村居民可自行融资进行整治改造,这部分居民团体就可以直接参与整治方案的制定与决策,而西部一些社区参与制度发展相对落后的地区,居民对于城中村的改造参与实际上只体现在拆迁补偿阶段。同时施行社区参与治理有助于实现历史街区的可持续性整治,也有助于协调各方改造诉求,因此政府也有主动在历史街区社区推行社区参与整治的必要性。

结合之前得出的理性选择和社区认同两个条件,可以总结得出实现社区参与的基本条件,即居民因理性选择产生的利益性动力和因为对社区认同产生的情感性动力互相加强构成了居民的内部驱动力,再加上与制度供给的外部环境推力,这三个基本条件共同构成了社区参与的行为（图2-2）。

1 关系性凝聚力:由互动而产生的积极情感导致的群体凝聚力。（美）乔纳森·特纳. 社会学理论的结构（上）[M]. 北京:华夏出版社,2001:346.
2 陈振华. 利益、认同与制度供给:居民社区参与的影响因素研究[D]. 清华大学,2004.
3 王静婷. 北京市社区居民参与制度研究[D]. 中国政法大学,2011.
4 罗曼琪. 社会转型期的城市社区治理:社区公民参与的发展状况及问题浅析[J]. 改革与开放,2010（06）:94.

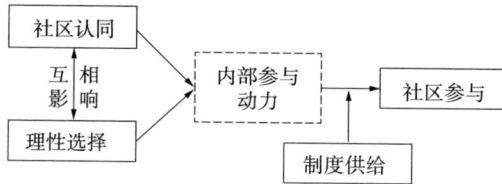

图2-2 社区参与条件关系
资料来源：作者自制

2.4 本章小结

本章从理论方面梳理了国内外对于历史街区的人居环境整治模式和社区参与理论的研究成果，得出结论如下：

历史街区保护与人居环境整治理论研究方面，世界各国在反思"大拆大建"改造方式后，提出了以社区为单位的参与式整治方法，并获得了诸多成功的整治经验。从中可以看出，历史街区的整治和保护思想的演变趋势是重视居民参与，运用过程式的和参与式的整治模式，通过提高历史街区社区自我管理、自我更新的能力，从而综合地改善历史街区的社会、经济和物质环境。

社区参与基础理论方面，社区参与思想在世界范围内的兴起背景缘起于公共选择理论，该理论认为应该将部分社会公共服务交由社区来治理。与西方健全的社区治理制度相比，我国正处于"大院制"瓦解后的调整期，需要在人居环境整治的过程中，探索社区建设的新方法。最后，本章分析了影响社区参与的基本条件，得出理性选择和社区认同是居民参与社区整治的内生动力，制度供给是政府推动居民参与社区整治的外在推力，并最终得出构成社区参与行为的三个基本条件，即理性选择、社区认同和制度供给。

第3章 案例研究

本章从国内外社区参与型历史街区整治实践案例入手，试图总结出影响社区参与的制度性因素；选取国内先行城市、国外发达国家整治计划以及其他发展中国家的实践进行案例分析，对其成功经验进行总结和比较。在此基础上，总结这些实践案例中具体的制度供给方面的政策和参与制度，进一步总结出影响社区参与的制度性因素。

3.1　国内先行城市经验

近年来在学者与媒体的促进下，历史街区的整治过程中居民自发参与行为在城市管理领域迅速延伸，政府与民众对社区参与的意识都有了明显的提高，由此引发了一些地区先导经验的产生。

3.1.1　扬州GTZ社区行动规划

扬州市文化里地块整治就是在居民自主要求参与的背景下，扬州市政府与德国技术合作公司（以下简称GTZ）推动的一次参与式古城历史街区整治试验。本次整治工作遵循了参与式方法的原则：谨慎处理拆除违建和加建事件，杜绝大规模的拆迁建设，充分考虑原住民的权益，以修缮为主，尽量保持居民的社区人口结构；将旧城环境整治、改善住房条件和居民的支付能力相结合；建立长效机制，以过程式的方法实现渐进更新（图3-1）。

扬州市文化里整治试点首先全面提升了居民必需的生活设施，包括道路铺设、给水、排水和房屋结构等，并在改造过程中引入了居民参与的方法，政府负责提供部分资金，让居民以自身建造技术知识参与到修缮房屋中，以实现可持续的有机更新。GTZ和扬州市政府联合设立了古城保护与复兴办公室，制定了居民住房整修补贴的暂行标准，并规定私房和公房的补贴不超过修缮总费用的30%和50%，另外实施资金鼓励参与积极者政策，对于积极参与整治的居民提供额外的10%资助，同时也要考虑到低收入家庭的支付困难，为其提供部分补贴。同时为

图3-1　扬州市文化里整治会议
资料来源：朱隆斌，PeterHerrle，SonjiaNebel.
城市提升——扬州老城保护整治战略[M]. 南京：江苏科学技术出版社，2007.

了使先期的整治对于整体住户起到带动作用，考虑优先补贴风貌较为完整的民居修缮、改造效果明显的居住设施和利于公共环境保护的公用设施，使得投入较少资金可明显改善整体历史街区的人居环境[1]（表3-1）。

文化里公共空间研讨会议题　　　　　　　　表 3-1

议题	具体讨论内容	阶段性结论
建筑立面	立面材质和施工方案	使用传统材料，恢复文化里传统壁画
绿化	位置、品种和价格	1. 改用当地易养护的树种； 2. 树冠不宜太大，不能遮挡居民日照； 3. 不宜采用高大树木，防止盗贼攀爬； 4. 建议居民每家认养，避免发生无人养护的情况
巷道路面	道路横断面形式、铺地材料、路面结构形式	1. 道路两侧排水的方式会破坏墙体基础，应该改为路中心处下铺设排水管线； 2. 为了防止老人在雨季因青苔滑倒，路面中间位置铺地材料建议使用防滑的条石； 3. GTZ 建议采用透水砖，以利雨水下渗

1　郭燏烽，朱隆斌. 基于社区参与的传统街区复兴——以扬州老城文化里改造社区行动规划（CAP）为例[J]. 城市建筑，2009（02）：100-102.

续表

议题	具体讨论内容	阶段性结论
车辆停放	停放位置和方式	解决非机动车停车问题，规定各户需要入院停放
街道公共设施	外观形式、价格和放置位置	1. 采用粗石条凳； 2. 仿古壁灯

资料来源：朱隆斌，Peter Herrle，Sonjia Nebel. 城市提升——扬州老城保护整治战略 [M]. 南京：江苏科学技术出版社，2007.

在参与渠道方面，文化里改造主要依靠在街道和居委会的办公地举办的系列研讨会，为了能使多数居民都有机会参与，会议定在周末举行，居民参与会议的积极性很高，研讨会讨论了文化里街巷风貌、房屋样式、公共空间小品和基础设施等方面的问题，考虑了整治内容对于居民的重要性、实施时面临的难度和见效是否快等因素之后，对于整治内容进行排序，选择优先级别高的内容进行率先整治。确定后的整治内容由设计师负责绘制图纸，并实时修改，直到居民与政府和专家达成共识。在实施环节中，之前历史街区的城管部门做了大量的工作都难以使居民拆除违建，试点开展之后，居民为了能够拿到政府提供的修缮补贴，按照政府设立的修缮标准主动拆除了挤占道路的违建和加建，并拿出资金和人力进行整治修缮，这样的过程式整治进行了3年，由于设立了长效机制，居民的参与度一直保持在较高的状态，最终使文化里实现了渐进性的更新人居环境的目标，不仅使物质空间环境得到提升，而且使居民产生了对家园的一致认同，其社会环境得到改善。

3.1.2　上海田子坊

与开发商主导的旧城更新不同，田子坊是以社区居民为主导的自发性更新。田子坊位于上海泰康路210弄，以前是闲置的里弄工厂，1998年之后以创意产业入驻旧厂房，重新利用三个闲置厂房，用于为100多家创意文化企业提供空间。之后此片区的文化产业发展良好，并影响到临近的石库门历史街区，本地居民开始与艺术家和创意产业投资者达成协议，将民宅改造成创意店铺和艺术工作室，逐渐演变成为创意文化消费、生活休闲和观光旅游等功能为一体的特色城市空间。田子坊的成功体现在三个方面：首先，它将文化创意产业植入历史建筑；其次，形成里弄生活文化和现代艺术文化相碰撞的特色氛围；最后，发扬了上海特色居住文化（图3-2）。

图3-2　田子坊的创意产业和保持完整的步行街巷
资料来源：作者自摄（2014）

　　田子坊整治的动因是民间自组织行为[1]，没有政府资金投入和房地产资金投入，没有对居民房屋进行大拆建，使得历史建筑得以保留和延续，并实现产业更新和改善居民生活。田子坊的新兴文化产业的引入确实为社区带来了实际的收入增长，当地居民不仅能够从艺术家和创意产业投资者那里取得可观的租金

1　管娟.上海中心城区城市更新运行机制演进研究——以新天地、8号桥和田子坊为例[D].同济大学，2008（03）.

收入，而且还能解决部分无业居民的就业问题，解决了当地街道曾经最为棘手的居民收入降低和就业率不高两方面的困难，老旧的石库门也在艺术家和投资者装修一新后重新焕发了生机。

虽然田子坊的整治改造是一种"自组织"模式引导下的改造，但各方参与的过程并不是无序的粗制滥造，其组织领导要受到两个组织的影响，首先是政府承认的泰康路艺术管理委员会（简称艺委会），其次是居民自我管理组织——业主管理委员会（简称管委会），成员包括原住居民和艺术家。艺委会和管委会管理的范围有明确的划分，分别负责工厂区和历史街区，艺委会由于是政府认证机构，权威性较高，所管工厂区在建筑外观和设施水平上都强于历史街区；但作为民间自发成立的组织，管委会对居住街区内发生的改造行为的管理作用非常有限，社区内部没有形成制度性的建筑外观协调性准则和规范，所能管理的范围局限在公共空间中的小品维护、垃圾处理和大件私人物品挤占街道的现象中，因此在现行国家治理环境下，仅仅依靠"自下而上"的整治存在缺点，政府应该适当介入，建立起规范和长效化的管理机制，推动历史街区社区的可持续更新。

3.1.3 台湾地区大溪老街模式

1970年代，以文化遗产保护为发端的市民社会兴起的背景下，台湾地区开始对之前的集权化制度进行调整，台湾"文建会"于1994年正式提出"社区总体营造"政策，希望以这项政策促进文化建设的发展，其宗旨是"造景、造产与造人"，保存并适当利用历史遗产的传统风貌而"造景"；充分展示民俗和宗教活动、弘扬社区文化而吸引旅游业等相关产业发展，是为"造产"；提高居民收入，激发居民整治环境的动力，从而改善社区环境，以实现"造人"。保护议题虽然不是"社区总体营造"政策的主要对象，但却是凝聚社区居民的共同意识的重要载体（图3-3）。

图3-3　大溪老街改造前和改造后对比
资料来源：林钦荣.城市空间治理的创新策略[M].台北：新自然主义股份有限公司出版，2006：56.

大溪老街改造就是社区营造政策最早的受益者之一，大溪老街位于台北市桃源县境内的大汉溪一侧，在明清时期是台湾省重要的内河港，并以此为依托发展成东南亚重要的商贸中心，大溪老街包括三条主要街道，主要为窄面宽、长进深的联排街屋建筑形式，其风格融合了荷兰、清朝和日本等多国优点。

改造为了避免流于形式，建立了长期的工作机制，参与的主体包含了社区居民、NGO、政府、市场和专家团队，社区居民是本次社区营造的核心，通过社团的形式参与到整治的各项活动中；专业团队和NGO代表的是历史街区社区的利益，起着沟通社区内外的协调作用，策划推动各项活动的进行；政府以提供支援配合为主，不过多地干涉具体事务，而是将权利和事权赋予社团和专业团队。

大溪老街更新过程中的运行机制如下：首先确定了渐进式更新的基本原则，台北市没有采取房地产开发项目中一拆到底的做法，而是保护居民的土地产权，采取自愿保留历史建筑的方式让居民参与到整治更新过程中，并向所有者以租借的形式获得用于公共活动的建筑。其次是整治历史建筑外观和公共空间，对于街区内的历史建筑全部保留，对保护价值较高的立面牌楼，采取原样修缮的方式，对建筑的前段商业部分进行室内装修改造以迎合新产业的投资。对于街区的公共空间改造，提出延续老街原有肌理和风貌，并改善社区的生活环境，这些建筑外观的修缮和街道的美化活动全部都实行居民参与的原则，在专业团队的帮扶下，大溪老街社区居民加入到自组织管理体制，采取社区集体行动的方式对老街建筑进行自主更新。

大溪老街的第二大命题是社区自我更新能力的培养，为了解决改造过程中居民经济能力不足的问题，在专业团队的帮助下大溪社区参与了政府文建会开展的全台历史街区评比活动，使老街获得了较高的知名度，老街的传统手工艺和饮食文化吸引了大量游客的到来，居民的收入因为老街的特色建筑和文化而大幅增长，居民认识到保护历史街区的重要性，并通过将老街动态的社会生活脉络以社区文化活动的形式展示出来，特殊的文化使得老街获得了更高的知名度。最后随着社区自组织能力的提升，社区可以自主承担历史街区的改造和对外宣传工作，通过社区承诺书达成公约，形成集体监督制度，实现自我管理运营。可见，老街的保护更新并非一步到位，而是通过逐步建立长效机制而使历史街区社区得以更新。

3.2 国外发达国家参与实践

国外发达国家的参与型历史街区环境实践整治有较多的成功经验，其社区参与不仅仅是一种为了改善物质环境而临时发起的行动，而是稳定牢固的社会组织机制。

3.2.1 法国"改善居住计划"

在面临历史街区房屋老化和旧城中心区活力不断衰退的背景下，法国政府于1977年推动了一项关于历史建筑修缮、旧城复兴的"改善居住计划"。这次计划摒弃了法国一贯的强制性历史街区保护政策，转向基于社区更新的过程式整治。

计划开展前期设立了两个基本目标：一是改善街区的居住环境，并使其重新融入房屋租赁市场，让逐渐衰败的历史街区重获新生；二是维持历史街区的社会结构。随着历史街区物质环境的改善，旧城房屋租金也会随之提升，可能会造成支付能力较高的中产阶级替代原来的低收入人口，政府采取向低收入人口提供住房补贴，从而避免这部分居民因租金太高而无法继续在历史街区居住下去。

政府先期展开基础设施和公服设施的建设，然后开始改善计划，该计划不强制进行整治改造工程，而是激励产权所有者自愿进行改造更新，在实施的过程中，政府相关部门为按照修缮标准进行改造的房主提供一定比例的资金补贴，补贴的比例根据住宅房屋修缮后的用途和地价确定，如果屋主同意房屋修缮后一定期限内（一般为9年）按廉租房的价格招租，当地政府部门可承担最高不超过总工程费的85%，并专门设立了旧城房屋改造办公室，方便居民参与整治[1]。这样的补贴政策使得整治后的历史街区维持了低廉的租金，从而使得原来的弱势群体得以继续生活在该社区内，延续了历史街区的社区网络。

法国先后共开展了4000多个改善住宅计划，这些计划将历史街区的整治更新同住房保障体系建设结合起来，不仅更新改造了历史街区旧屋，还促进空屋的重新入市和私人住屋的持续性自主维修，这得益于其成熟的公共管理体系，但同时应该看到赋权于社区的重要意义，政府放弃了之前强制推行住宅修缮的法规而选择与社区合作，让在此居住了多年的低收入者能够继续居住下去，有效地延续了历史街区的传统风貌和社会网络。

3.2.2　意大利"邻里合约计划"

意大利作为历史遗产大国，有着较长时间的文物和历史街区保护经验，在

1　关斌. 历史街区保护更新的"自组织"模式研究[D]. 华南理工大学，2014.

过去二十年中，当局意识到，单纯地依靠保护政策不能实现历史街区的可持续更新，政府意识到必须基于广泛的公众参与，才能使居民自愿地加入到保护、恢复和重建城市遗产的项目中去。

邻里合约计划就是这样应运而生的，针对历史城镇核心区的物质衰败和社会结构边缘化的问题，地方政府提出推动环境的改善和旧城服务业的升级的对策，以及通过住房互助计划来维护社会凝聚力的方针。1998年，博洛尼亚执行了首例邻里合约计划，该计划通过21号法令保障了邻里合约计划的施行力度[1]。邻里合约计划将社区规划与保护规划相结合，提出通过对社区中弱势群体的关注，提高了历史社区居民在设计和决策过程中的参与度，将社区自发力量融入城市遗产再利用的项目中去。

博洛尼亚城市遗产地的规划之所以能够成功，其根本原因是国家及大区对行政权力的下放。由于博洛尼亚在19世纪60年代的政治领域是工人阶级政党领导，这些左翼城市在获取国家和大区下放的行政权力后，改而采取公众参与规划的方法来推进城市建设和旧城复兴。建立于20世纪50年代的邻里议会，在博洛尼亚的咨询和决策职能部门中一直具有较高的话语权，在国家行权权力下放之后，原来由地方政府所做的决策基本也转让到邻里议会来执行，形成了社区自治的管理模式。每一个邻里议会大概包括3000居民，这些邻里议会不仅在社区地方上的事务具有发言权和决定权，而且政府自身的政策推行也非常有赖于邻里议会（图3-4）。

邻里合约计划的概况介绍如下：首先邻里议会不仅对本社区的住房规划及保护修缮负责，还可以参与城镇总体规划的制定和评估，这使得历史街区的房屋纳入公共住房体系的计划得以在总体规划层面得到统筹安排。其次通过政

1　徐好好.意大利波河流域历史城镇城市遗产的保护和更新研究[D].华南理工大学，2014.

■沿街私人店铺 ■低收入人人口住宅 ■计划拆除建筑 ■大型公建

图3-4 博洛尼亚1969年总体规划对于历史建筑的修复要求等级划定
资料来源：徐好好.意大利波河流域历史城镇城市遗产的保护和更新研究[D].华南理
工大学，2014.

府拨款征收部分历史街区房屋产权，将这些历史房屋纳入到公共住房保障体系
中，并在提供公共住房的同时，与入住居民订立历史建筑的修缮保护协议，此
协议实际上类似于社区公约，但是因为社区组织具有较强的行政管理权限，其
效力比一般的社区公约更强，这就保证了社区居民对于历史房屋维护的积极
性。最后，通过对私产的投资政策上的优惠，吸引更优质的服务业进入旧城，
改善整体社区发展状况，最终使历史街区得以实现可持续更新。

3.2.3 日本社区总体营造

20世纪60年代，在大规模的地产开发浪潮不断破坏历史街区的背景下，日
本民间开展了广泛的市民运动以抵制大拆大建的旧城改造行为，后来发展成为

一种独特的历史街区治理模式，即社区总体营造，其目的是为了保护地域性和多样性的生活环境，提高社区物质和社会环境，以持续的集体行为来解决共同的社区问题[1]（图3-5）。

图3-5　穿越市一番街节日活动及标志性建筑
资料来源：日本观光资源保护财团编.历史文化城镇保护[M].路秉杰译.北京：中国建筑工业出版社，1991：176.

在各地民间团体的推动下，日本政府出台了一系列法律和政策以保护城市旧区，这被认为是政府对于民间的历史遗产保护诉求的妥协，社区营造活动继续向更深层次发展，一些地方政府出台了社区营造条例以迎合自治组织的发展。社区营造从单纯的保护历史文化遗产转而过渡到使其重新融入现代社会的发展，为了使历史街区社区发展规划能够获得较好的群众基础，也是为了避免闭门造车的改造计划，社区营造让每一位居民参与到社区营造中，成为不同利益和立场的居民追求未来共同利益的协作平台。经过四十多年的发展，其社区参与覆盖了历史街区更新项目的各阶段，可以从四个层次来介绍，首先可以参与社区营造的方针、计划制定；其次参与营造活动的运营和监督；参与说明

1　胡澎. 日本"社区营造"论——从"市民参与"到"市民主体"[J]. 日本学刊，2013（03）：119-134，159-160.

会、研习会；最后可以参加具体活动，其操作流程已经规范化、制度化，社区营造的地位已经从市民参与过渡到了市民主体，成为了历史街区社区甚至一般社区治理的主要模式。

日本川越市一番街的社区营造就是其中的成功典范，川越市是大东京规划中的卫星城的其中之一，保留了江户时代的很多建筑遗迹，素有"小江户"的美誉，城内的一番街更是拥有悠久的商业历史。但是在19世纪60年代日本经济快速腾飞的背景下，传统的商业街面临着现代经济的严重冲击，随着居民生活方式的转变，一番街片区的传统建筑面临着严峻的衰败问题，不少居民为了获得高额的赔偿金而反对建筑保护专家的抵制开发商活动，一番街的保护面临着严峻的挑战。为此，NGO"川越藏造建筑学会"发起了"一番街复兴"活动，提出通过历史街区的保留与重塑来恢复其活力的目标（图3-6）。

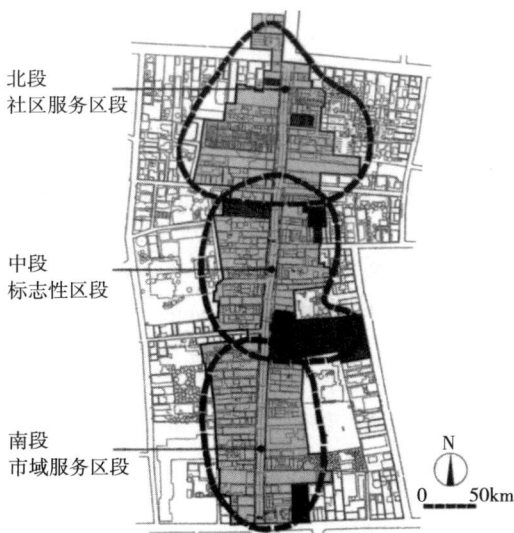

图3-6　川越市一番街整治范围
资料来源：日本观光资源保护财团编.历史文化城镇保护[M].路秉杰
译.北京：中国建筑工业出版社，1991：132-148.

1987年川越市一番街涉及的几个街区达成了公共协定，名为《川越市一番街街区建设规范及相关协定书》，并成立了街区景观整治委员会的机构，帮助指导居民进行一番街店铺的改造和再利用行动，之后政府进行了电缆入地工程，使得历史风貌得以大为改观，此后的历史街区整治行动维持了10年，一番街居民出于强烈的共同体意识没有出现过逾越规范的建造行为，在成功地举行过传统活动之后，一番街获得了旅游业的大发展，商业活力再次迸发。最终居民由一开始对于保护历史建筑的反对转变为自觉自愿地守护传统建筑与文化，曾经成功地抵制了在一番街周围建高楼的房地产开发行为。

3.3 其他发展中国家参与实践

3.3.1 印度尼西亚雅加达的KIP

发展中国家的贫民窟整治问题与北京历史街区整治问题具有相同的特征，都是大量低收入人口在城市某一区域的聚居现象，因此，研究低收入住区的整治经验对于北京历史街区具有重要的借鉴意义。

20世纪70年代的印度尼西亚最大城市雅加达的旧城贫民区问题重重，在整治措施的不断探索中，政府逐渐认识到彻底铲除贫民区的拆迁方式不可行，于是转而借助世界银行项目（Kampung improvement program，简称KIP项目）以实现贫民区的整治，一改过去以强权推行的做法，将部分权利交予原住居民的社会组织，该社区组织名为城市部落（Kampung），以其为主体组建KIP小组，开始了政府与社区合作整治贫民区的试验。

KIP项目始于1969年，其目标是改造雅加达旧区中被贫困者占据的一块地区，这片地区的居住房屋全都是自主建造的，建筑质量较差，而且因为是未经政府批准的，政府拒绝为其提供生活的必要基础设施，在十几年的贫困人口不断聚集过程中，其人居环境不断恶化，亟待整治。KIP小组采取了尽量不破坏原有社区结构的前提下整治社区内的基础设施条件的策略，帮助居民从政府那里获得土地使用权和建设房屋的权利，逐步改造已经建好的质量较差的住宅。虽然项目本身要依靠政府投资和下放行政许可，政府为此还设立了专门机构进行管理，但由于缺乏对于社区居民的领导力，项目实际上非常依靠社区组织、非政府组织等的策划和组织。

KIP小组在这一项目中积极鼓励居民参与，挖掘社区自身改造居住环境的潜力，有效地利用社区居民自身的低廉的、大量的劳动力，"自助"式地改造基础设施和住宅，非政府组织等支援者提供专业的技术支持。并在世界银行等国际组织的帮助下，向印尼全国800多个城市、约3亿低收入市民提供低息贷款，用于社区居民创业和培训专业技能，从而创造就业机会、提高居民经济收入和促进社会阶层转化。为了让社区居民形成有力的自组织体制，KIP小组在向居民提供低息贷款时，不是直接贷款给个人，而是贷款给社区组织，这样做的目的在于鼓励居民加入社区组织，然后通过社区组织将居民连接成一个共同体，当社区共同体发展到具有贷款偿还能力时，再向世界银行还款。通过初始资金的注入和组织机构建立，提高贫困居住区的自我更新能力，从而实现"官民共赢"。

3.3.2 马来西亚的乔治市

乔治市是马来西亚槟城州的首府，位于马六甲海峡北岸（图3-7），地理位置优越，便利的航运交通使之拥有与中国通商的悠久历史，在古代就成了一个以华人为主的城市。之后乔治市被英国殖民达一个世纪，18世纪末英国殖民者为了提高乔治市的经济地位，鼓励世界各地移民到乔治市，在东西方文化贸易的交流与碰撞中，逐步形成了多元城市风貌和生活文化，各类人群在乔治市

内分区自治，城市中的每个区域内都有不同风格的建筑，如英殖民时期留下的
西方巴洛克风格的商铺，以及中国闽粤风格的祠堂、印度风格的寺庙、清真寺
和马来风格的住宅等（图3-8）。

图3-7 马来西亚乔治市区位
资料来源：作者根据百度图片制作

图3-8 乔治市不同风格建筑
资料来源：作者根据百度图片制作

　　但在现代经济体系的冲击下，乔治市老城区域的商业街区面临严重的活力
降低的挑战，而且由于长期缺乏投资和维修，历史建筑及环境逐渐衰退。为此
乔治市进行了建筑活化运动，活化运动未采取政府"强制性保护"的局面，而
是充分发挥非政府组织（NGO）在保护与改善历史街区环境中的作用，除了给
予资金支持之外，政府更多的是将运作组织职能交予专门的遗产保护组织，以
乔治市为例，政府吸纳专家学者组成了世界遗产信息中心（GTWHI），该中心
运用现代的宣传手段和办法教授乔治市各时期的传统住宅的风格和建筑材料知
识，教会居民识别室内传统装饰和现代装修的能力，从而教会社区居民辨别自
己居住的房屋是否为传统建筑，并能大致判断其保护价值，最后提供简单的修
缮和改造必要的生活设施意见。

乔治市更新活动中表现活跃的另一个NGO是南洋民间文化（NYFC），该组织成功地策划了多次人文传承的主题活动，他们试图在城市里建立社区认同感，并认为社区脉络的断裂比历史建筑的衰败更值得重视。他们至今已举办过30多场宣传历史街区文化保育的活动，对唤起原住居民对建筑与社群的关怀，增加居民对于历史建筑价值的认识发挥了很好的作用（图3-9）。

图3-9 NYFC策划的活动海报
资料来源：http://nanyangfolkculture.org/blog/

乔治市的历史遗产组织的工作并不仅仅局限于建筑修缮建议的提出上，他们认识到让居民自愿更新整治房屋的最根本动力来自于历史街区投资、商业及旅游业的发展。为此，关注文化产业发展的南洋民间文化（NYFC）组织为社区居民提供了长期的教育说明会，为居民讲解历史街区的文化魅力才是吸引世界各地游客的根本原因，通过不间断的教育活动，社区居民基本建立了保护历史街区的观念，并且在NYFC的组织下，开始举办发扬特色文化的社区活动，这些社区活动不仅为历史街区增加了人气，同时还促使社区共同价值观的建立。这种价值观表现在原住民人口外流的速度明显下降，甚至原先出外谋生的居民听说了家乡的兴盛之后，返回家乡，并且带来了新兴文化产业的投资。

历史街区中老房子的灵活使用与产业导入，一方面使当地居民的收入增长与历史街区的保护相结合，另一方面，也为历史建筑在现代社会中的价值观冲刷下得以再次发扬。

这种民间自发组织与精英团体相互配合，参与式的旧城复兴模式，使得乔治市的历史街区风貌没有在注重物质外形改造的过程中消亡[1]。这种整治修缮模式强调让居民先认识到历史街区的价值，然后通过居民自主修缮来改善人居环境，这种自下而上的推动力，充分调动社会各界的力量，卓有成效地缓解了政府的压力。

3.4　案例分析

3.4.1　制度性因素总结

考虑到现场调研的困难性，而无法深入地调查当时居民对于参与社区的理想选择和社区认同方面的因素，从案例分析中仅能总结出参与式实践在制度供给方面的共同点，这些共同因素均在为社区参与营建一个良好的制度环境方面产生了积极影响。现从社区参与过程中的保障、组织和方法三方面进行总结归纳（表3-2）。

各案例制度性因素汇总　　　　　　　　　　表3-2

	保障	组织	方法
扬州 GTZ	·扬州市政府政策支持	·德国 GTZ 和文化里居委会	·改善必要基础设施 ·过程式讨论式规划编制 ·政府补贴下的居民自助式改造房屋 ·社区文化活动

1　翁锦程.马来西亚历史文化遗产保护经验对我国的启示——以马六甲和乔治市为例//中国城市规划学会.城市时代，协同规划——2013中国城市规划年会论文集（11-文化遗产保护与城市更新）[C].中国城市规划学会，2013：9.

续表

	保障	组织	方法
上海田子坊	·政府先期推动一期工厂改造 ·对于社区自发形成的二期历史街区给予政策支持	·艺术管理委员会（政府认证的官方组织） ·业主管理委员会（居民自发组织）	·艺术家、文化产业投资人与居民商讨房屋用途变更与使用租金 ·居民职业融入文化产业发展 ·制定历史街区改造公约
台湾地区大溪老街	·出台《社区总体营造条例》 ·给予政策支持和基础设施改造的资金支持	·前期NGO和大学教授团队组织 ·后期以大溪社区为主	·改造必要基础设施 ·参与全台历史街区宣传大赛 ·设计师提供技术支持、居民与自主修缮 ·举办社区文化活动
法国"改善居住计划"	·政府摒弃强制性保护政策，出台租金补偿政策 ·给予修缮房屋补贴	·古城修复办公室 ·社区组织	·制定房屋修缮补偿标准 ·用租金优惠政策维护社区人口结构
意大利"邻里合约计划"	·政府下放行政权力到社区 ·给予基础设施改造资金和修缮房屋补贴	·博洛尼亚邻里议会（工人阶级政党领导的社区权力机构）	·获取历史街区产权 ·总规层面体现居民参与 ·制定修缮标准
日本社区总体营造	·出台社区营造条例 ·给予电缆入地等整治以资金支持	·NGO ·川越藏造建筑学会	·制定历史建筑改造修缮公约 ·举办传统文化活动促进旅游业发展
印尼雅加达KIP	·下放权力到社区 ·给予贫民社区组织以土地使用权和低息贷款	·政府、世行组织和NGO共同组成的KIP小组	·改造基础设施 ·提供社区组织低息贷款 ·居民创业和培训 ·建立能自主运营的社区组织
马来乔治市	·给予社会组织权力 ·部分改造房屋资金	·世界遗产信息中心（GTWHI） ·南洋民间文化（NYFC）组织	·举行历史街区修缮知识教授活动 ·举办历史街区再利用讲座、促进旅游业和传统商业发展

资料来源：作者自制

从表3-2中可以总结出各案例中保障、组织和方法三方面的共同因素，首先保障方面，政府通过法律和资金支持的形式为社区参与提供的保障，所以政策的态度对于社区参与至关重要；其次，社区参与的组织机制方面，各案例的整体组织协调都由社区组织或者第三方公益组织负责，这些组织的专业技能对于社区参与具有核心作用。最后是参与方法多样，居民可参与社区事务的渠道具有多层次且规划性的特点，且多数为长效机制，便于居民渐进地参与到历史街区的整治中。

3.4.2　政府支持

从各案例的保障方面的举措可以看出，各项社区参与整治模式中都有政府的支持，其支持的方式包括赋权社区组织、提供基础设施改善的资金和立法保障居民参与社区事务的权利及促进社区组织的发展。首先政府向社区赋权，从而使居民和社区组织在整治提升过程中拥有决定性的话语权，便于调动居民的参与积极性；其次改造整治项目的前期需要政府投入基础设施建设，留住历史街区中的居民，且此专业性较强的事业只能由政府完成。最后政府提供完善的法律保障是实现社区参与的长效机制基础，各国的法律条例均对整治更新中的主体、内容、渠道、程序、权责等进行了具体、明确的规定。

3.4.3　社会及社区组织

在以上介绍的成功案例中，社区参与的组织和具体实施者都是社区组织或者第三方公益组织，如扬州文化里的CAP小组，为社区居民与设计师搭建了沟通桥梁；文化里居委会为了本次实践付出了大量的说明和劝解工作，使项目得到了居民的一致信任，为以后的工作打下了良好的群众基础。台湾地区的社区营造中发展起来的NGO组织和专家团队一道共同代表社区的公共利益，起着沟通社区内外的核心角色，为社区提供修缮和基础设施改造方面的专业知识，同时也是前期策划大溪老街宣传活动的领导者，成功帮助大溪老街取得了台湾地区的知名度之后，逐渐培养大溪社区建立起自组织力量，并逐渐由其自主承担社区的改造和运作。

3.4.4　参与渠道

经过几十年的发展，发达国家的社区参与整治历史街区已经形成成系统、分层次的参与渠道，如日本的社区总体营造中的参与渠道可分为四个层次，首先可以参与整治更新的方针、计划制定；其次参与整治活动的运营和监督；参与说明会、研习会；最后可以参加具体活动。这些参与渠道使得其整治行动规范化、制度化，并且延伸到了社会生活的各方面，其地位已经从市民参与过渡到了市民主体[1]。

扬州GTZ项目在参与渠道建设方面，首先成立了古城保护与利用、改造与复兴办公室（以下简称古城办），各部门和参与方在古城办的例会上可以公开讨论老城保护更新的问题，同时还成立了扬州市名城建设有限公司负责具体的工作。居民可到在文化里常设的古城办咨询，这使居民可以根据自身的住房支付能力来选择是否加入房屋修缮计划；而且在具体的实施环节，居民可以通过名城建设公司和设计师讨论改造方案。这两方面的参与渠道保证了居民参与的顺畅度，使社区与其他主体形成了良好的互动关系。

以上两个案例都说明长效的参与渠道的重要性，成功的整治项目都是为了发展一种长期的可持续的社区组织机制，而非应对具体项目的短期行为[2]。其不同阶段的多样参与方式以及公开透明的信息反馈机制保证了居民参与的有效性和畅通性。

3.5　本章小结

本书主要分析了中外运用参与式方法整治历史街区的实践案例，从中总结

1　苏秉公，庞啸. 城市的复活——全球范围内旧城区的更新与再生[M]. 上海：文汇出版社，2011.
2　朱隆斌. 人为本 形次之——扬州老城保护的中德合作探索与实践[J]. 城市建筑，2007（07）：84-86.

出了社区参与的机制和制度方面的共同影响因素，即政府支持、社会及社区组织、参与渠道。

在社区参与整治的过程中，许多方面需要而且只能由政府提供支持，如需要专业技能和大量启动资金的基础设施改造，赋予社区组织以自治权，修缮房屋补贴资金以及对社区参与程序进行立法。第三方组织与社区组织的影响可以概括为四方面，包括搭建参与各方的沟通平台、团结社区居民形成合力、策划历史街区复兴活动和培育社区组织能力。畅通的参与渠道的作用表现在，可以使居民在不同阶段都能参与到历史街区的整治过程中，保证社区参与成果的有效性和长效性。

第4章 北京整治类型

本章目的在于调查历史街区人居环境整治的实际情况，以及对目前北京市参与式整治试点进行梳理并分类研究。首先实地调研和访问调查北京历史街区的人居环境现状，以及社区居民的人居环境改善意识，其次总结并对比北京市过去对于历史街区的整治方式，最后重点分析社区参与型整治试点，对其进行类型研究。

4.1 人居环境实况

4.1.1 旧城历史街区调研概况

北京有着3000多年建城史和800多年建都史，其旧城内分布着诸多历史街区（图4-1），元明清时期的城市格局基本被保持了下来，二环路以内的旧城内遗存了大量的具有历史保护价值的物质文化遗产，除大型皇家建筑和园林外，大部分属传统四合院民居型建筑，其中不乏名人故居和保存价值较高的中国传统建筑。在经历了新中国成立后的大规模建设、"私搭乱建"和"大拆大建"后，目前保存较为完整的是33片历史文化保护区，其人居环境概况归纳总结如下。

历史街区虽然和其他城市居住片区一样承担着居住职能，但特征与一般城市地区相比，有着鲜明的区别，现分别进行总结。

（1）空间、物质形态特征

· 由于在历史上曾经发挥着主要的城市职能，地理位置处于城市中心地带；

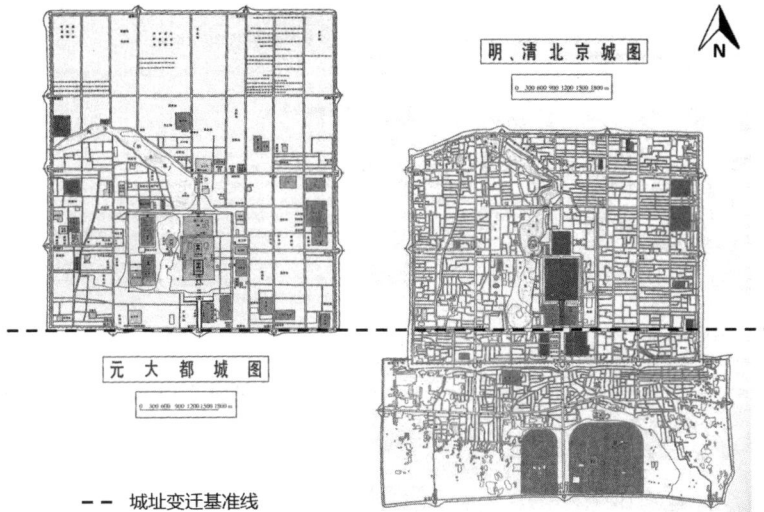

图4-1　元、明、清时期北京城图
资料来源：根据资料制成。董光器.古都北京五十年演变路[M].东南大学出版社，2006.

·卫生环境与一般城市地区相比较差；

·片区内道路狭窄，汽车难以进入或勉强进入后也难以回车和停放；

·社区公共空间和开敞空间缺少；

·片区以狭窄的胡同街道为骨架，串联起一层院落式住宅建筑，分布密集
　且很大一部分院落内存在低质量插建，局部有二层自建，同时存在着新
　中国成立后建造的低层或多层现代住宅建筑；

·经过几次较大规模的环境整治，这些片区的外部面貌已有很大提升，基
　本的基础设施可以得到保障，但是院落内的居住环境仍然没有得到实质
　性的改观。

（2）经济特征

·第三产业为主；

·房屋产权人的收入包括房屋租赁、社区小型商业、旅游业收入等，环境

待整治的房屋产权人收入主要以房屋租赁为主。

（3）人口特征

·和城市一般地区相比，人口密度非常高；

·居住人口的受教育程度比一般城市的平均程度低；

·人口流动性高；

·低收入阶层的人口比例较高，尤其公产院落中租户是当地居民的几倍。

（4）管理制度特征

·亟待整治的历史街区内有很大一部分居民是外来租户，居委会等社区管理组织只能通过房主间接地规范租户的生活行为；

·由于这些历史街区内留存在着大量的具有保护价值的院落，且由于片区内的房屋大多数产权不明晰，使得片区内的主要管理内容与房管局的工作有关。

4.1.2　调研分析

选取了新太仓、大栅栏、东四南、南锣鼓巷、什刹海和阜成门内大街（白塔寺）六个历史风貌保存较为完整的历史文化保护区作为调研对象，为突出社区导向研究，每个历史文化保护区选取了一个居委会作为调研区域（图4-2～图4-8），为了方便理解，以下将以惯用的地名表示调研区域，调研历史街区、居委会名称和常用地名的对应关系如表4-1所示。调研小组对每个历史街区进行实地勘探和访问调查，每个居委会辖区内发放问卷35份，共调研6个地区，共发放问卷210份问卷，实际回收样本203份（图4-9～图4-14）。

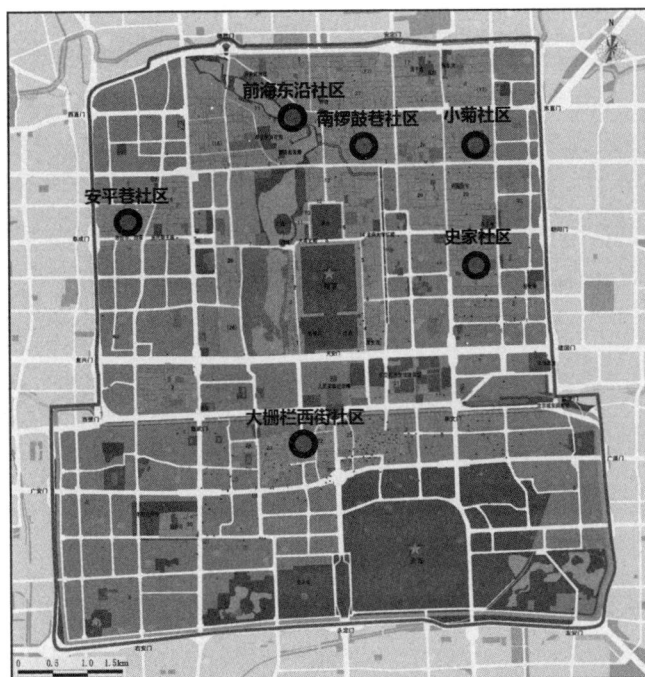

图4-2　调研历史街区社区在旧城内的位置
资料来源：作者根据北京城市总体规划（2004-2020）图片制成

图4-3　大栅栏西街社区调研范围
资料来源：基于百度地图（2016）制成

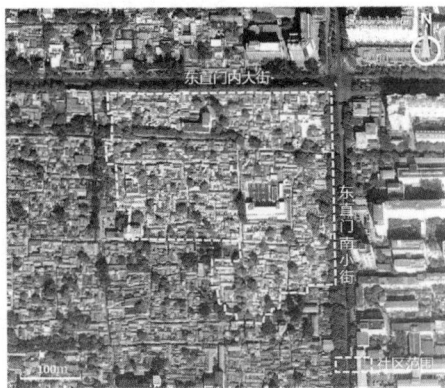

图4-4　小菊社区调研范围
资料来源：基于百度地图（2015）制成

图4-6　前海东延社区调研范围
资料来源：基于百度地图制成（2015）

图4-5　安平巷社区调研范围
资料来源：基于百度地图制成（2017）

图4-7　史家社区调研范围
资料来源：基于百度地图制成（2016）

图4-8　南锣鼓巷社区调研范围
资料来源：基于百度地图制成（2017）

调研对象简况表 表 4-1

名称	现状照片	历史文化保护区名称	居委会名称	用地规模（hm²）	人口规模：常住人口 / 总人口
小菊胡同		新太仓	东城区北新桥街道小菊社区	10.4	4819/5394
杨梅竹斜街		大栅栏	西城区大栅栏街道大栅栏西街社区	11.53	5429/6281
史家胡同		东四南	东城区朝阳门街道史家社区	13.96	3409/3501
南锣鼓巷		南锣鼓巷	西城区交道口街道南锣鼓巷社区	22.58	6011/8491
烟袋斜街		什刹海	西城区什刹海街道前海东沿社区	10.63	4032/4564
白塔寺		阜成门内大街	西城区新街口街道安平巷社区	10.80	3590/4092

资料来源：图片为作者自摄（2016），用地规模和人口规模来源于各街道网站。

图4-9　新太仓小菊社区调研照片
资料来源：作者自摄（2015）

图4-10　大栅栏西街社区（杨梅竹斜街）调研照片
资料来源：作者自摄（2016）

图4-11　东四南史家社区调研照片
资料来源：作者自摄（2015）

图4-12　南锣鼓巷社区现状照片
资料来源：作者自摄（2015）

社区参与整治——北京历史街区社区参与人居环境整治影响因素研究

图4-13　什刹海前海后延社区（烟袋斜街）调研照片
资料来源：作者自摄（2016）

图4-14　阜成门内大街安平巷社区（白塔寺）调研照片
资料来源：作者自摄（2016）

本书选取了人口—社会结构、住房水平、公共服务及街道环境、社区文化建设和改善意识等五个方面对样本进行统计分析，其各方面概况如下：

（1）社会结构

北京历史街区内居住着大量的人口，且构成复杂。现从年龄、户籍、收入水平、学历、房屋产权、供职单位类型和居住年限等方面对调研样本进行分析。

①年龄。老龄化是各历史街区居住区的一致现象，根据国际惯例，老龄化社会是指60岁以上人口超过总人口10%的社会，调研数据表明（图4-15），调研的总样本中60岁以上的老年人口约占总人口数量的18.5%，均远大于国际标准的10.23%和北京市2016年的平均水平10.3%。各历史街区的60岁以上人口比例也均大于国际和北京标准。

②户籍。在调查总人口中，常住人口有北京户口的占76.8%，非北京户口的占23.2%。从图4-16中可以看出，历史街区中聚集了较多的外地居民，他们大多数是外来打工者，暂时租住在历史街区里。由于空间狭小且生活设施不完善，通常历史街区内的租金比同等区位的现代居住建筑内的房租低很多，因此历史街区成为众多低收入者的暂居地。

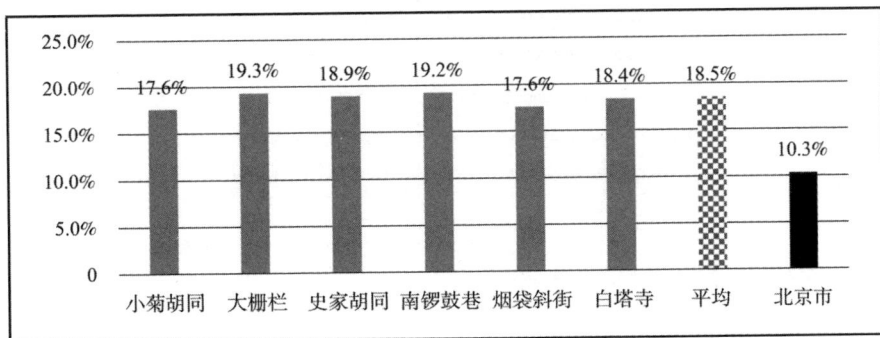

图4-15 各街区的老年人口比例

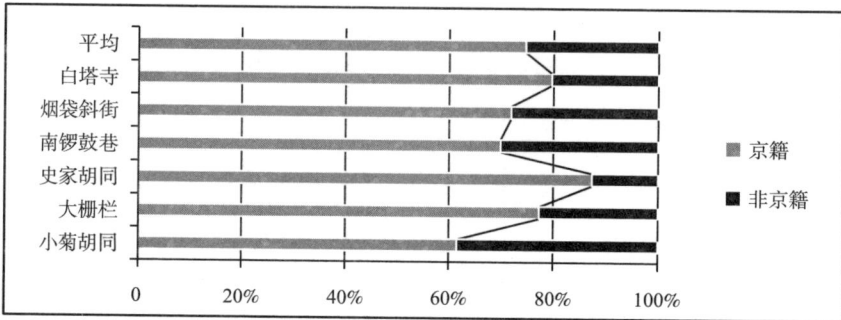

图4-16 各街区京籍和非京籍人口比例

③收入。2015年北京市城镇居民人均可支配收入为52859元/年，城镇居民人均消费支出36642元/年，2016年北京市将低保人口的收入标准提高到1050元/月[1]，按照年收入换算大约为1.26万元/年，而在调研地区内的统计结果中，比北京市平均水平高的居民不超过五分之一，却也存在近二成的收入低于城镇低保标准的居民（图4-17）。按照2015年的经济数据计算，北京市城镇居民家庭的恩格尔系数为22.1%，但是调研地区的居民家庭消费中食物消费占比的平均值

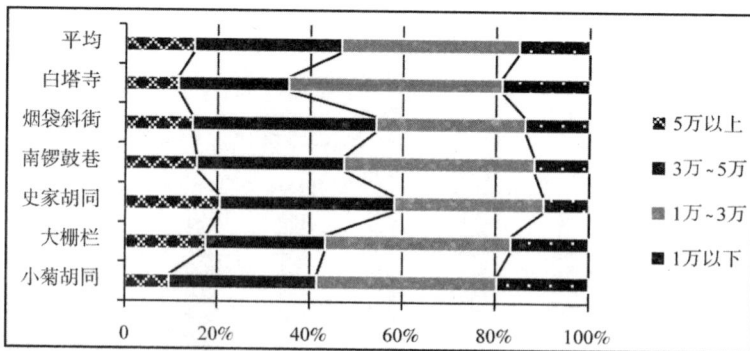

图4-17 各街区年收入比例

---

1 北京市统计局网站：http://www.bjstats.gov.cn/tjsj/.

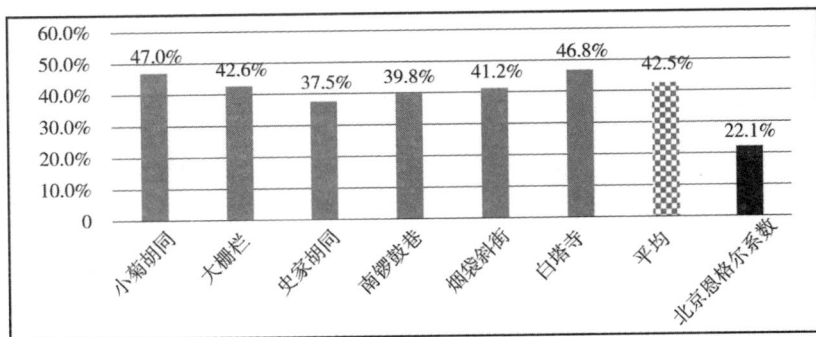

图4-18　各街区食品消费比例

为41.3%（图4-18），远大于北京市城镇居民平均水平。从调研数据的对比可以看出，目前历史街区内仍然存在较为普遍的贫困现象，所以这部分较贫穷的居民的日常支出都集中在食品、水电燃气、医疗和教育等基础性的花销，也缺乏房屋维修的经济能力。

④学历。历史街区内居民整体学历偏低，高中以上学历的人数所占比例较小，平均比例为12.7%，最高为史家胡同地区，高中以上人口占比达13.4%，最低为东四十二条地区，为11.3%。一般认为受教育程度代表居民的综合素质，而综合素质能够影响到居民参与意识、维权意识和看待历史遗产的态度等多方面，而历史街区居民较低的受教育程度可能会对居民参与社区环境整治产生负面影响（图4-19）。

⑤产权。调研的各历史街区中，院落之间房屋产权混乱不一，且院落内的产权也经常不同，产权单一的院落数量非常少。经过几次历史事件的强烈变革，形成了错综复杂的产权关系（图4-20）。目前历史街区内有明确的登记过的房屋基本分三类，分别为房管所直管公房、单位自管公房和私房三种，从可视化结果图4-21可以看出，房管所直管公房的比例较大，为45.9%，私房的比例次之，为27.7%，最少的是单位自管房，为26.4%。各历史街区中，烟袋斜

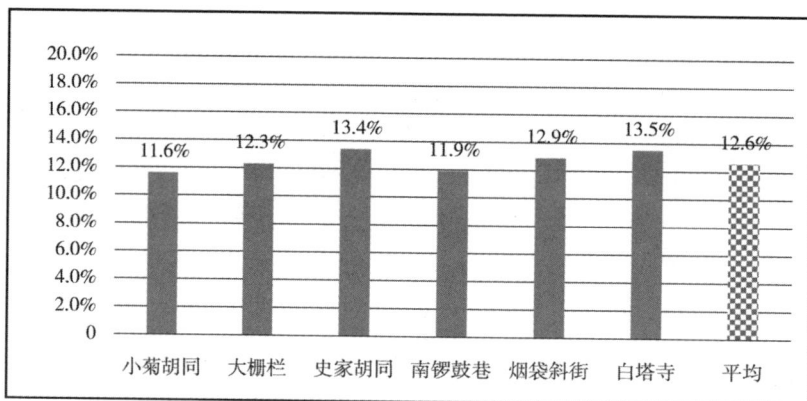

图4-19　各街区的高中以上人口比例

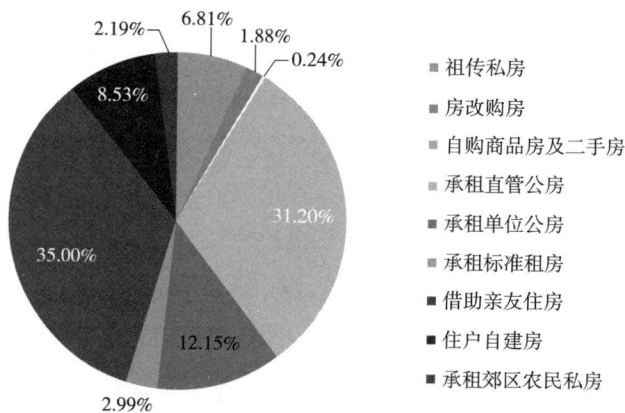

图4-20　北京京旧城产权情况
资料来源：郭湘闽. 房屋产权私有化是拯救旧城的灵丹妙药吗[J].城市规划，
2007（01）：9-15.

街和大栅栏的私房比例较多，分别为35.7%和34.6%，烟袋斜街和大栅栏也是
历史风貌保存较为完整的两个片区，可见，私有产权的房屋比例较高的历史街
区，历史风貌也保存得相对较好。史家胡同和南锣鼓巷的单位自管房较多，分
别为49.7%和40.5%。史家胡同和南锣鼓巷所在的社区辖区范围内有较多的国

家政府或事业单位，1970~1980年代进行过现代的多层居住建筑建设，虽然占地面积较小，但是由于容纳了较多的人口，单位自管房所有人的人数比例也很高，因此房屋产权是单位自管房的回答率也相对较高。

　　房管所直管公房在各街区中的比例较大，这类型房屋的所有人所交房租非常低，据访谈了解每个月只有几十块钱，因此房管所无力大规模修缮房屋，只能对保存价值较高的建筑进行抢救性修缮，也不能为了将维修责任转移到个人而将产权转移。

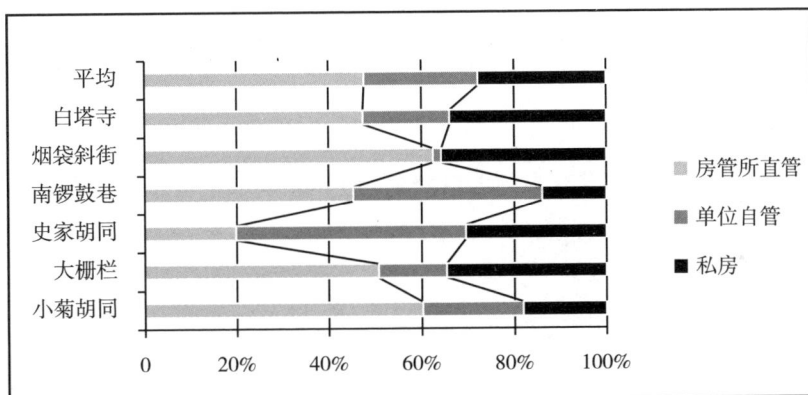

图4-21　各街区产权类型比例

　　⑥工作类型。在调查地区中，各街区的职业类型中工人的比例最大，基本达到了五成左右，政府机关、国有企业和私企办公工作的知识分子达到近两成，其中以政府机关单位工作的居多，个体和无业者比例较少。工业人口在历史街区的普遍分布和新中国成立初期北京大力发展工业的宏观政策有关，但是随着北京调整产业发展方向，第二产业占经济总量的比重从2001年的36.2%下降到2016年的19.2%（图4-22），产业工人的工作和收入问题逐渐凸显。多数工业从业者目前收入普遍偏低，贫困和下岗职工的比重较大。

社区参与整治——北京历史街区社区参与人居环境整治影响因素研究

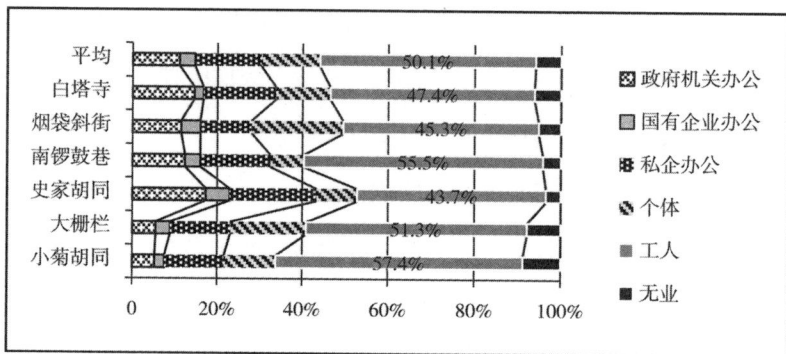

图4-22　各街区居民工作类型

　　⑦居住年限。在统计的各街区居民中，根据居住年限可以大体划分为居住1～3年、3～10年、10～20年、20～30年、30～50年和50年以上6类居住年限，划分的标准是主要根据几次大的人口变化发生的时间，居住年限、历史时期和居民类型的对应关系如表4-2。

居住年限、时间段和时期的对应关系表　　　　表4-2

居住年限	50年以上	30～50年	20～30年	10～20年	3～10年	1～3年
时间段	1949～1967	1967～1987	1987～1997	1997～2007	2007～2014	2014～2017
时期	新中国成立初期旧城改造	社会主义改造、文革	住房体制改革、危房改造	危改模式叫停、转向渐进更新	奥运筹备历史街区	无

资料来源：作者自制

　　居住50年以上的比例为近两成，居住年限在30～50年的居民是社会主义改造和"文革"之后迁入的，大约占到四成，居住年限在20～30年的居民主要是在住房体制改革和危房改造之后迁入的居民，调研地区因为历史风貌保存较为完整，没有发生较大规模的房地产开发行为，因此调研地区内基本没有商品房产权，这一时期迁入的居民占到近15%，居住年限在3～10年的居民主要为流动性较小的外来人口，占比近3%，居住年限在1～3年的居民主要为流动性较大的外来暂住人口，占比近3%（图4-23）。

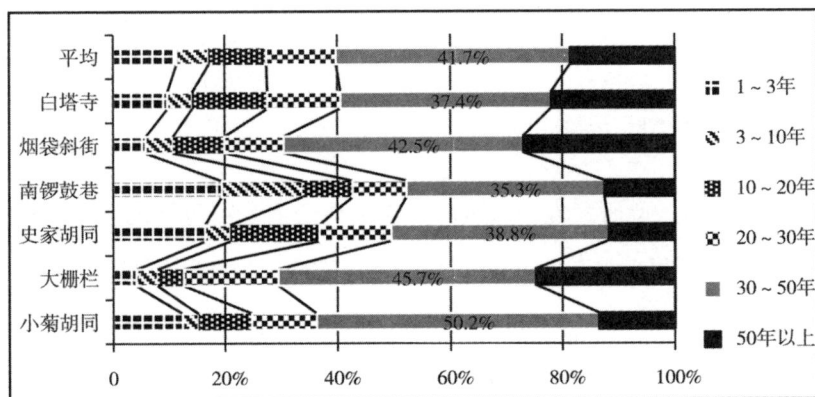

图4-23　各街区居住年限比例

（2）住房水平

①房屋质量。调研各片区的房屋结构多为砖混结构，且长期缺乏维护和修复。同时，还有一些存在安全隐患的房屋急需改造。按照房屋质量好、质量一般和质量差三级标准衡量来评价房屋的质量，房屋质量的判别标准如下，"质量好"是指建筑主体结构完好、维护部件完整、市政设施基本配套齐全的建筑，"质量一般"指建筑主体、结构一般、维护部分一般、市政设施配套不齐全的建筑。"质量差"指建筑主体结构很差、维护使用很差、市政设施配套不齐全的建筑[1]。调研结果统计如表4-3所示，质量好的房屋大多数属政府机关和军产，以及修缮后的历史建筑，所占比例较小，为21.2%。质量一般的房屋占大多数，比例达68.5%，质量差的房屋占10.3%，基本上属危房。

1　参照北京25片历史文化保护区保护规划中对现状建筑的评定标准。

现状建筑质量的评估　　　　　　　表4-3

质量分类	百分比	用途
质量好	21.20%	政府机关分配住房、军产房或修缮后历史街区建筑
质量一般	68.50%	一般居民建筑
质量差	10.30%	一般居民建筑

资料来源：根据调研数据自制

　　②居住面积。调研发现，旧城历史街区住房面积严重不足，在调查的居民中人均居住面积普遍较小，从图4-24可以看出，31.4%的居民人均居住面积小于5m²，属于非常拥挤的状况，37.4%居民居住面积位于5～10m²之间，14.6%的居民人均居住面积位于10～15m²，只有14.8%的居民人均居住面积大于15m²。调研的历史街区的人均居住面积与2016年北京市城镇人口的平均值31.69m²相比，差距比较明显，这样的人均居住面积水平远远达不到居民的需求，因此在历史街区的院落内普遍存在加建和违建行为。

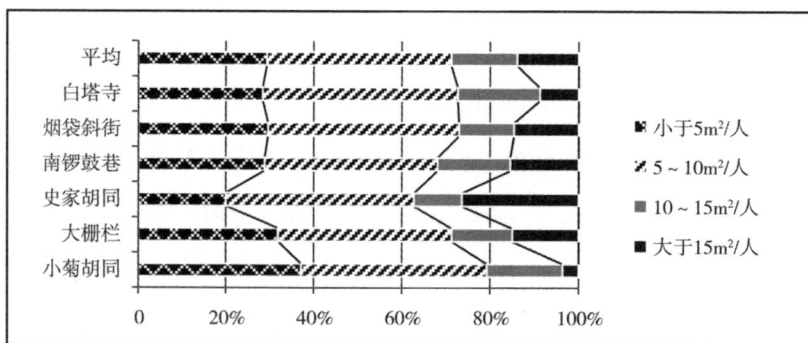

图4-24　各街区人均居住面积比例

　　③生活设施。从图4-25中可以看出，31.4%的居民院落内只拥有一个水龙头，没有独立取用水的条件，27.4%的居民冬天取暖仍然采用烧煤，对人体

有害且安全性极差，56.6%的居民无独立厨房，只能几家合用，且多为户外厨房。68.8%的居民无独立卫生间，虽然近几年各历史街区建设了较多公厕，但与现代居住标准相比差距仍然很大。36.3%的居民院落内有积水，31.6%的居民电线存在老化现象，更换不及时。从中可以得知居民提高住房必备基础设施水平较差，居民的日常生活十分不便。

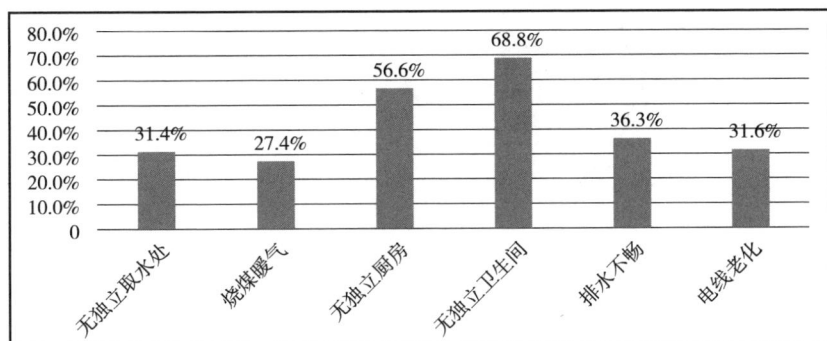

图4-25　各街区生活设施水平比例

（3）社区设施及街道环境

公共服务方面，涉及的内容有居民共同使用的停车设施、安全设施、休闲活动场所、体育健身设施、胡同外观、垃圾处理和街道整洁程度。考虑到调研和评价这几项设施水平的困难性，采用居民主观满意度评价的方法对其进行调查，居民对于街道即胡同的外观满意度较高，各街区调研结果都达到了85%以上，对于街道整洁度和垃圾处理的满意度比较高，各街区调研结果基本达到60%的满意度，对于体育健身设施和休闲活动场所的满意度较低，为15%～20%左右，对于安全设施、停车设施的满意度一般，为30%～40%左右（图4-26）。调研中发现史家胡同所在的史家社区除历史风貌满意度较低外，其他几项设施的满意度比其他街区高，其社区设施建设较为完善。从以上数据可以看出，居民对于整体历史街区的社区设施的质量较不满意，对胡同外观较为满意。

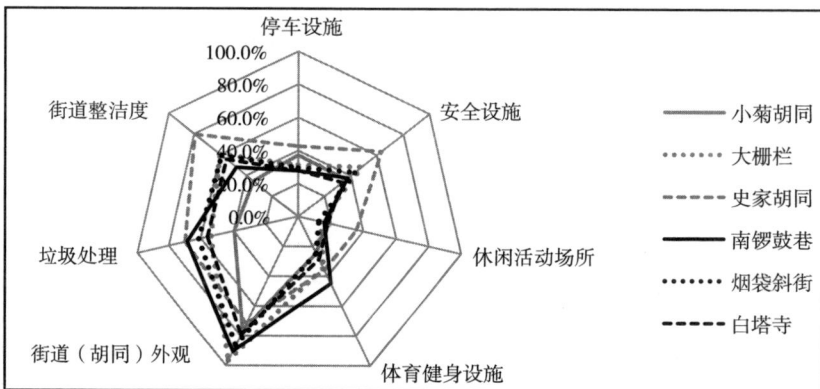

图4-26　居民对社区设施和街道环境的满意度

（4）社区文化建设

社区文化建设方面调查的内容包括文化娱乐活动和民俗文化活动等。在实际调研中发现，居民很少有机会能参加社区文化娱乐活动，参加过的居民只占到15%左右，听说过、没参加过的居民占到45%左右，没有听说过的占到40%左右，大部分居民对社区文化活动的参与较少。

据访谈了解，历史街区居委会自行组织不定期的社区文化娱乐活动，但限于人力、财力和空间不足问题，且社区人口规模庞大，居委会只能举办一些影响力较小的社区活动，且这些社区活动的内容限于日常生活（图4-27、图4-28）。

在对社区文化活动进行调查时，近一半的居民没听说过社区举办过民俗文化活动，有四成的居民听说过，但没参加过，参加过民俗文化活动的只有不到两成（图4-29）。民俗文化活动因为需要较多的经费支出，大多数由社区上

图4-27　南锣鼓巷社区"元宵送温暖"和"家和万事兴"主题社区活动
资料来源：http://jdkjd.bjdch.gov.cn/n1709178/n2680500/index.html

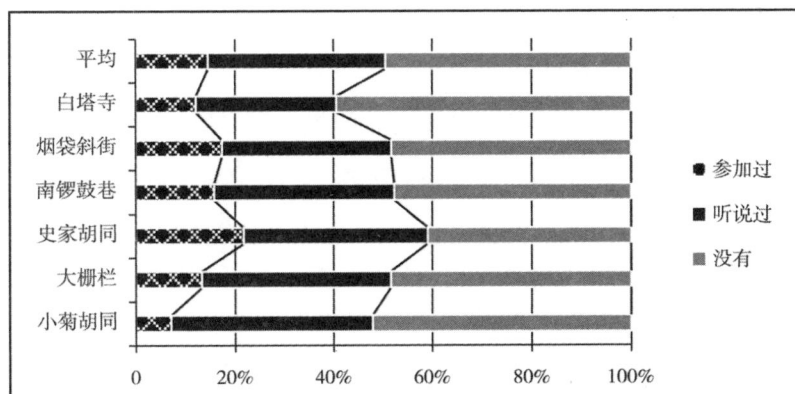

图4-28　居民对社区文化娱乐活动的认知比例

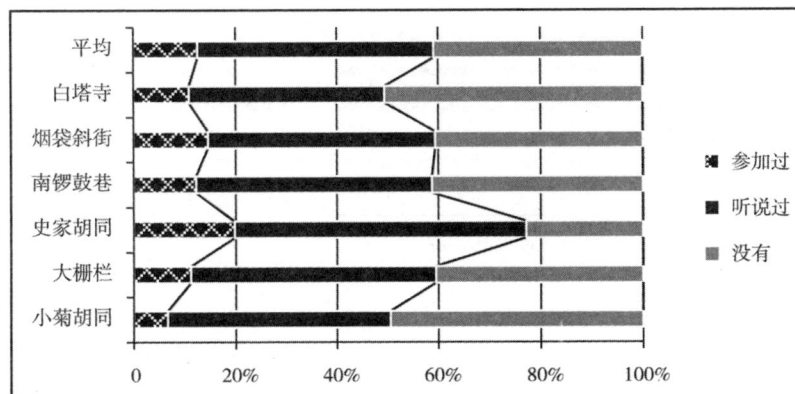

图4-29　居民对社区民俗文化活动的认知比例

级单位街道办承办。很多居民不了解自己所居住的社区有哪些名人故居和宝贵的传统建筑，只有很少数的居住年限较长的老年人知道一些名人故居、传统工艺和民间艺术。历史街区内仍然存在一些传统手工艺店铺，但经营状况不容乐观，非物质文化遗产保护堪忧。

在调研访谈中了解到，一些在历史街区内居住了较长时间的居民认为现在的胡同生活已经基本没有了和谐的邻里关系和老北京的生活韵味，从中可知历史街区社区文化随着物质环境的退化也出现了衰退的趋势。

（5）改善意识

调研片区居民的改善意识普遍较强，对于居住环境改造的必要性统计结果如图4-30所示，"必要"的回答率总体达到六成，"不必要"的回答率为两成，对社区环境整治持"无所谓"态度的为两成。调研中发现对社区环境整治持"无所谓"态度的居民主要为外来暂住人口，居住年限在3年以下、流动性较大的人群。

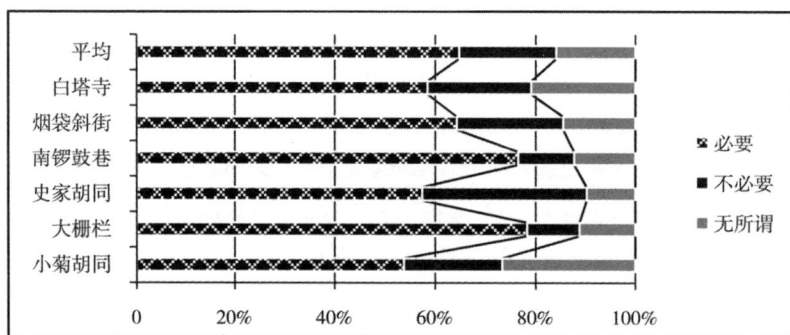

图4-30　各街区对于改造必要性的比例

进一步对居住年限和改善意识进行相关性研究发现（图4-31），居住未满10年的人口对于整治持"不必要"和"无所谓"态度的比例较高，分别达到了四成和六成，从中可以得出暂住人口对于历史街区整治的漠视，访谈中了解到租户们认为环境整治可能会使房租上涨，当房租上涨到自己的承受能力范围外时，租户会选择迁离历史街区，选择房租更加便宜的其他低租金区域，如城中村等地区。

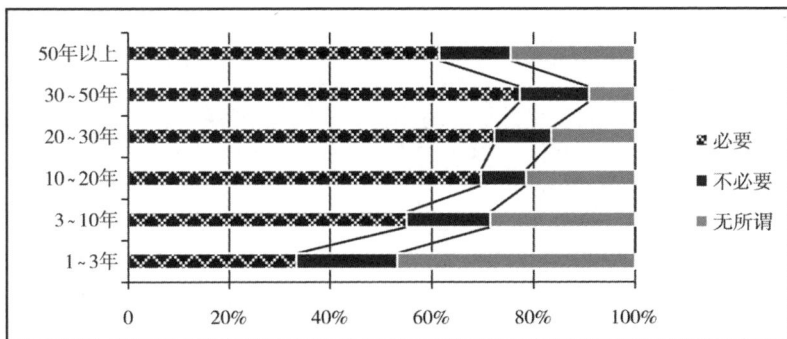

图4-31　居住年限与整治必要性的相关性

4.2　北京整治发展历程

北京市对历史街区的整治始于新中国成立初期，这些整治实践可以根据其出发点和时间脉络分为四个阶段，即为居民私搭乱建的建设性破坏阶段、专家改良建筑形态的探索阶段、市场化驱动的大规模拆迁阶段和政策保障的渐进更新阶段。

4.2.1　居民私搭乱建的建设性破坏阶段

新中国成立初期，随着国家各大机关的入驻（图4-32），北京旧城内进行了大量的市政、道路交通、大型公建建设，拆除了大量的北京传统民居，随着建设的日益推进，旧城城市职能越来越集中，人口快速增长和房屋缺乏维护，

图4-32　新中国成立初期在旧城的国家机关分布图
资料来源：董光器.古都北京五十年演变路[M].东南大学出版社，2006.

使得住房问题日益凸显，因此一系列拆除危房、增加总居住面积的住房建设项目应运而生[1]。"文革"时期，政府又提倡居民采用"见缝插针"的建设方式，"降低建设标准"，建设了一系列简易楼房，而且所有非公房被"革命"为公房[2]，房屋产权几经变更，造成现在的产权纠纷不断，自主修缮改造的主动性被削弱。"文革"后知青返乡、唐山地震等重大事件导致旧城住房问题进一步激化，政府鼓励居民对自家房屋进行"推、接、扩"，大量施工质量极差的民间建设使四合院沦为拥挤不堪的大杂院。这一时期的旧城改造严重破坏了其空间布局与风貌特色，社会—人口结构变更剧烈。

1　王军.城记[M].生活·读书·新知三联书店，2003.
2　刘立早.北京旧城四合院产权演变探析[J].北京规划建设，2011（04）：21-24.

从新中国成立初期到1980年代中期，北京旧城内的历史街区整治的目的主要是解决住房矛盾，这一时期成为外来低收入人口聚居、产权混杂、市政设施过载等主要矛盾的积累期。期间出现过鼓励居民自行改建的政策，虽然是调动居民力量改建历史街区的先例，但实际上是个体无序低质的自建，政府没有提供约束性的自建要求，这样的整治模式和倡导社区内涵发展、居民共建的社区参与有本质的不同。

4.2.2　专家改良建筑形态的探索阶段

1980年代中开始，建筑学领域的学者试图通过对旧城历史街区建筑形态进行改良以达到提高居住环境的目的，出现了菊儿胡同、小后仓、南池子等多个建筑改良型的历史街区整治探索。吴良镛先生主持的菊儿胡同改造首次将房屋按建筑质量进行分类，进行相应的拆除、保留及修缮，并将原有的大杂院改良为以院落为单元的新式"类四合院"住宅，以达到提高房屋质量、改善居住条件的目的。南池子危改项目同样也是关注建筑形态改造的尝试，80%的传统四合院被拆除，取而代之以大量的新建二层合院式现代住宅。这一整治项目在道路疏通、市政设施改造、建筑质量提升、人口疏散等方面都达到了预期效果，但其大规模拆迁的做法和新建建筑形式遭到了众多质疑[1]（图4-33）。

"有机更新"理论所倡导的保留旧城整体性、延续地区文脉、不破坏地区原有特征和循序渐进的原则对旧城更新产生了深刻的影响。这一时期旧城历史街区人居环境整治是着眼于建筑形式的改良而展开的，这一工程学出发的技术思维一直延续到21世纪初的大规模旧城改造。建筑形态的改良固然缓解了居住面积不足、设施负荷过载、环境恶化等问题，但也普遍面临着人口—社会结构

1　井忠杰.北京旧城保护中政府干预的实效性研究[D].清华大学，2004.

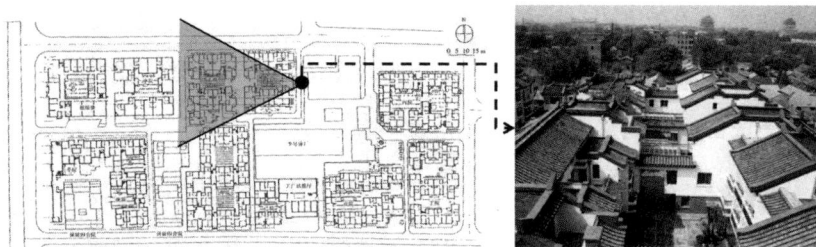

图4-33 菊儿胡同建筑方案（左）及建成后鸟瞰图（右）
资料来源：作者根据资料制成。吴良镛.北京旧城与菊儿胡同[M].北京：中国建工出版社，1994.

发生较大转变的问题，而且这些改造项目都面临着资金平衡的难题，拆迁补偿需要依赖良好的财政支持或者建设部分高层住房来平衡，这也从侧面反映出这种改造模式在投资方面的不可持续性。

4.2.3 市场驱动的大规模拆迁阶段

20世纪八九十年代随着住房制度改革，房地产业随之兴起，而且当时对旧城历史街区的保护和控制措施不明确，在这样的背景下，一些实质为房地产开发的大规模地产开发项目打着危改的旗号迅速实施，如金融街、王府井东方广场、牛街等整治项目造成历史街区被成片拆除，旧城历史街区整体风貌受到极大破坏。在牛街项目"整治改造"过程中，除"牛街礼拜寺"这一全国重点文物之外，其余四合院全部被拆除，取而代之以20多栋高层住宅，违反了限制高度等旧城保护的基本原则，最终导致牛街被划出北京总体规划确定的25片历史保护区名单。法华寺危改项目同样也是采取全部拆除重建的做法，原来的胡同–四合院肌理完全被现代居住小区形式取代（图4-34）。

以经济利益为驱动的大规模改造违背了整个旧城历史街区的整治更新原则，旧城风貌受到很大破坏，这一时期，旧城历史街区承担的城市职能更加集中，人口进一步激增，据清华大学的研究表明，旧城区房屋面积已由20世纪50

年代初的2000多万m²，上升至5500万m²，负担着40%左右的城市主要功能，负担着全市1/3的交通流量；居民因担心拆迁，维护修缮住宅的积极性进一步减小；历史街区内低收入人口聚居趋势加重，强化了历史街区的边缘化现状，"而这一社会结构现状也抑制了其良性发展的可能性[1]"。这些问题都表明大规模危改从根本上偏离了改善旧城人居环境的目的。同时，这一时期以效率为体现的经济发展和以公平为体现的社会发展目标开始激烈冲突[2]，拆迁纠纷和争议不断，因为无法回避拆迁补偿问题，居民的参与是必不可少的，但由于获取信息的不对等性决定了居民参与只停留在"我制定，你执行"的阶段。

图4-34　法华寺危改前（左）、危改方案（中）和危改后（右）
资料来源：董光器.古都北京五十年演变路[M].东南大学出版社，2006.

4.2.4　政策保障的渐进更新阶段

随着危改模式引来的批判日益增多，政府逐渐认识到明确历史风貌保护法律法规的紧迫性，编制了一系列具有指导意义的旧城保护规划。在明确的保护政策保障下，大规模拆迁的做法受到抑制，人们普遍认同应当循序渐进地改善旧城住宅质量、居住环境和风貌，并慎重对待人口和社会结构的调整。单霁翔先生指出，"对于历史街区来说，稳妥的更新模式应该是适合当地具体社会经济状况的、充分听取公众特别是当地居民意见的、循序渐进的、注重差异化和

1　曲蕾.居住整合：北京旧城历史居住区保护与复兴的引导途径[D].清华大学，2004.
2　邵磊.北京旧城保护与改造的制度结构与变迁[D].清华大学，2003.

分散化的更新模式[1]"。在这样的背景下，一批关注建筑、人口、社会的渐进更新的整治项目得以开展，政府逐渐认识到要强化公众参与在整治行动中的重要作用，主动在这些项目中运用社区参与的理念和方法，如什刹海烟袋斜街、大栅栏杨梅竹斜街、史家胡同规划、菊儿社区整治等。

以烟袋斜街规划为例，首先由政府改造基础设施，然后通过政府支持、规划引导，与居民自助修复相结合，以达到渐进的整治历史街区整体风貌、商业业态、社会生态、文脉继承等目标[2]（图4-35）。如什刹海大金丝甲33号院落改造，该院落位于什刹海街道前海东延社区，由于是私房院落，一直保存较为完整，2004年经过与居委会协商，自行对四合院进行改造并获准进行家庭式旅店经营。改造比较完整地维持了原来的一进式院落格局，院中布置了反映老北京生活气息的盆栽、花架和鱼缸，真实地保留了传统四合院的文化特征，经营旅馆的收入改善了房主的生活，也使得这一处院落的环境品质逐渐得到提升。

2008年史家胡同整治项目中英国王储慈善基金会（中国）运用EBD（社区发展模式）方法，让社区居民、单位以相互协商、共同探讨的方式参与工作坊，制

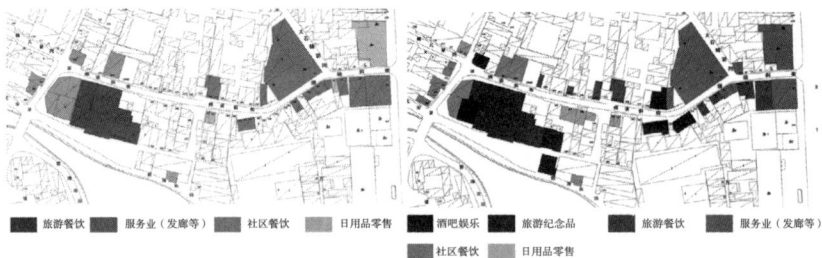

图4-35 烟袋斜街历史商业经营内容与现状经营内容对比
资料来源：作者以百度地图为底图制成（2016）

---

1 单霁翔.从"大规模危旧房改造"到"循序渐进，有机更新"——探讨历史城区保护的科学途径与有机秩序（下）[J].文物，2006（07）：26-40.
2 边兰春，井忠杰.历史街区保护规划的探索和思考——以什刹海烟袋斜街地区保护规划为例[J].城市规划，2005（09）：44-48.

订了24号院保护规划、公共空间美化、道路优化和公厕整治的计划。2012年大栅栏杨梅竹斜街采用"自愿式腾退"的方式逐渐更新商业街两侧商业业态，并在立面整治、产业发展、社区共建中积极引入社区参与，受到了广泛认可。但是烟袋斜街、南锣鼓巷等传统商业街因为具有较高的商业开发价值，较易借助市场的投入来提升其活力，其成功经验是否适用于居住街区，目前还在探索阶段。

这一时期的整治实践明确了渐进更新的思路，更多地关注社区居民的诉求，探索了居民参与整治规划决策机制，并引入社区参与行动服务中心等第三方公益组织来协调各方利益矛盾，重视历史街区社区可持续更新能力建设，居民参与达到了实质性的阶段。

4.2.5　各整治阶段的综合比较

通过对新中国成立后四个阶段的整治模式进行对比（表4-4），可以总结得出各阶段整治模式中政府、市场、专家和居民的关系变化，政府在整治更新中的作用从鼓励插建加建的无力干预到自上而下的拆迁支持再到引导市场和居民参与到渐进有序的更新整治，可以看出政府的角色正在朝引导而非控制的方向转变；参与旧城整治的市场主体由地产开发商向小微创新企业转变，从高利润、高回报房地产业转向低回报、持续收入的文化、餐饮等行业；专家由关注物质空间转而兼顾社会关系；居民由之前的被动地位逐渐地获得了一定的参与社区事务的参与权和决定权。

北京历史街区人居环境整治类型要素对比　　　　表4-4

整治阶段	案例	整治模式	整治效果
轻视保护的建筑性破坏	1970年代的陶然亭、青年湖等地"拆一建三"和"见缝插针""推、接、扩"等鼓励政策	本质上是没有政府管理约束下的居民无序自建	人口激增、市政设施负荷不堪重负、产权混杂、四合院沦为大杂院

续表

整治阶段	案例	整治模式	整治效果
改良建筑形态的探索	菊儿胡同、东南园、小后仓改造	公共财政补贴支持下的建筑形态改良	原居民回迁率较低、建筑形式有争议、政府财政压力较大
市场化驱动的大规模改造	金融街、王府井东方广场、牛街改造	房地产投资结合政府推动下的大规模拆迁重建	社会矛盾冲突、文脉难以延续、风貌破坏严重、社会结构变化剧烈
政策保障的协同更新	什刹海烟袋斜街、大栅栏杨梅竹斜街、史家胡同规划整治	政府提供政策保障，规划引导，第三方社会组织协调，居民参与决策的小规模渐进式改造。	社区认同感提升、风貌文脉得以延续、居民自我更新能力加强、政府财政及管理压力缓解

资料来源：作者自制

从整治效果来看，政策保障下的渐进更新不仅延续了建筑风貌，区域内的社会人口结构没有发生激烈的变化，动员了市场力量和居民的力量参与维护社区公共资源，缓解了政府的财政及管理压力，总的整治更新的效果是多方共赢并且利益均衡。

因此，重视居民的参与，重视历史街区社会结构的稳定和的生活文化延续，采取小规模渐进式更新方式是未来北京历史街区整治的方向。

4.3 整治类型研究

4.3.1 分类方法研究

在经历了过去几个阶段的整治模式探索后，政府逐渐认识到引导社区参与整治历史街区社区的必要性，开启了社区参与整治的探索。根据这些试点的整治范围的空间尺度大小，可以将其分为街区、街道（胡同）、院落和房屋四个级别；从整治内容的角度出发分类，又可以分为规划编制创新型、业态更新型、公共资源利用型和居民自主修缮房屋四类。

空间尺度的大小同时也决定了整治内容的复杂性，空间范围较大的整治所要面对的问题远比对某一街道的整治要多，而且这些待整治的问题具有系统性的特点，必须采用系统性的观点和方法来解决。相同空间尺度对应的主要整治问题又具有一致性，需要抓住问题的主要矛盾进行突破，对于街区的整治需要统筹考虑，系统安排，要突出前瞻性，因此关乎街区未来如何发展的规划编制具有重要的引导整治方向的作用；对于胡同街道的整治首先需要提升街道活力，注入新产业以增加居民收入；对于院落的整治，需要动员居民配合，协调各方利益，充分利用公共资源；对于房屋的整治，需要引导居民自主改善的意识和能力。因而空间尺度的分类方法和整治内容的分类方法具有统一性，本书采用将两者相结合的分类方法，将社区参与型整治方式分为街区规划编制创新型、街道业态更新带动型、院落公共资源利用型和居民自主保护修缮型。

4.3.2 街区规划编制创新型

新太仓历史文化保护区是北京市第三批新增的旧城历史文化保护区之一，2011年被选为"历史文化名城保护规划公众参与平台"试点，是规划部门主动谋求社区参与保护规划编制的试点之一。围绕畅通居民反馈意见渠道，搭建多方参与合作平台，激发居民社区归属感三大目标推动实践，首先建立了联席会制度，由领导小组联席会和执行团队联席会组成，其次召开利益相关方参与"征求地区发展建议"讨论会，建立小菊社区、板桥社区、九道弯社区三个"旧城保护与社区发展"试点，推动居民主体深度参与协商合作[1]。

历史文化保护区规划编制试点范围内的小菊社区在编制修建性详细规划过程中，尝试了将社区规划与历史保护规划相结合的工作方法，强调通过促进社区发展来带动物质环境的整治与更新。首先，小菊社区规划研究的范围与社

1　喻涛.北京旧城历史文化街区可持续复兴的"公共参与"对策研究[D].清华大学，2013.

区居委会的辖区完全重合，便于规划实施过程中统筹社区资源；其次，对小菊社区范围内的人口与房屋关系做详尽的调研分析，在入户访谈的过程中，对居民的定居搬迁、房屋修缮意愿和居民公共活动特征做详尽调查，便于后期的人口疏解和房屋整治计划制定；建立听证和评议制度，切实保障当地居民的切身利益。以上两个规划编制对规划编制创新做出了探索，但是社区参与的阶段停滞在了前期入户访谈阶段和居民意愿调查阶段，缺乏社区共同意识的凝聚和确立。

4.3.3 街道业态更新带动型

烟袋斜街起步区整治更新规划是一个典型的通过历史街区内商业街产业置换已达到提升整体人居环境的项目，清华大学前期详细入户调研了房屋质量、产权关系和居民的发展诉求等情况，将社会学方法与旧城整治更新相结合[1]。让愿意留下来的居民自愿参与到改造中，公房院落搬迁并补偿、私房院落部分外迁，由政府提升地区基础设施改造，渐进地提升历史街区的社会和物质环境。

2015年大栅栏更新计划以形成"在地居民商家合作共建，社会资源共同参与"为目标，项目初期成立政府与各方协作平台——大栅栏跨界中心（Dashilar Platform），之后采取居民自愿腾退、居民—市场共建的方式，共同承担修缮改造费用，并商议决定新业态的引入。政府的角色则由前期的引导退到监督、服务、管理的角色。以杨梅竹斜街复兴计划为先导（图4-36），首先政府提升道路等基础设施，然后与居民进行一对一沟通设计方案并签署协议，修缮两侧立面并对已腾退房屋进行改造，通过北京设计周的展览宣传文化创意产业，扩大大栅栏的文化影响力，并以此重塑杨梅竹斜街的品牌形象。但是，杨梅竹斜街

1 范嗣斌.什刹海烟袋斜街地区保护与更新——北京历史街区小规模整治与更新的一次实践[D].清华大学，2002.

图4-36　杨梅竹斜街业态更新前（左）和现状（右）对比图
资料来源：右图来源于微信公众号"旧城吃喝玩乐地图"，左图作者自摄（2017）

是大栅栏地区中核心地段的传统商业街，较易吸引市场投资，但是对于居住街区的改造，目前还未形成可操作机制。居委会工作人员提到，"我家就在大栅栏，但是因为区位不好，没人愿意投资，还有就是从咱们社区的角度来说，这一片都是住着人的，全变成商业可能也不一定好"。

4.3.4　社区公共资源利用型

史家胡同整治活动是由查尔斯王子基金会（中国）发起的保护传统北京民居项目，运用EBD（社区发展模式）方法，使居民积极参到社区建设中来，以协商、探讨的方式找出解决问题的办法。项目成立EBD工作坊，商讨决定解决包括社区公共用房24号院的设计、街道基础设施的升级、改造设计小型室内厕所和解决学校门口的拥堵等问题，这些都是居民最迫切需要解决的人居环境问题。史家胡同充分尊重了居民的意愿，但同时也需要认识到其项目资金基本来源于公益性组织，查尔斯王子基金会投资了500多万元改造了24号院，但是功能上减少了研讨会上通过的养老和社区活动空间，后期向居民反馈信息缺乏，降低了居民对于此次参与式整治的满意度。

2008年东城规划分局、东城区交道口街道办事处和社区参与行动服务中心共同发起了菊儿社区试点，使用"开放空间讨论会"形式，邀请60多位各方代表参与讨论如何改造利用地下室。讨论会充分调动了居民的积极性，最终实施后的社区活动中心收到居民和社会的一致好评，并获得了2011年中国人居环境范例奖。针对菊儿社区68号院院落内通道过窄、室外活动空间不足和停车棚简陋的问题，在社区参与行动服务中心的帮助下，从居民和社会各界募集资金完成整治工程，并制定了居民共同遵守的社区公约。但是后期维护管理方面出现了一些问题，在社区参与服务中心撤出后，部分居民违反居民公约，如院内通道上又出现了乱堆杂物的行为。社区居委会工作人员也表示在社区服务中心退出后，由于居民自我约束能力较差，无法有效管理（图4-37）。

图4-37 整治前（左）、整治后（中）、现在（右）的68号院走廊情况对比
图片来源：整治前和整治后的图片来源于社区参与行动服务中心，现在的照片作者自摄（2016）

4.3.5 整治类型的综合比较

通过以上三个类型的整治模式、形式的对比研究可以看出（表4-5），各历史街区参与式整治试点各有不同的特征，新太仓历史文化保护区规划公众参与试点中，由于涉及的协调主体繁多，时间较短，居民参与的深度止步于前期意见咨询上。街道业态更新型试点属于中等规模的社区参与，政府承担了基础设施升级改造，第三方组织提供宣传支持，居民自愿参与市场化更新，提升了

历史文化名街的外观和活力。院落公共资源利用型整治的居民参与度较高，广泛地取得了居民的认可，围绕着公共房屋的利用，提高了居民的社区认同感，但因后期公益组织的撤出，缺乏专业的社区团体组织管理，公共房屋的维护出现问题。总体来看，北京历史地段的社区参与整治试点在社会效益和风貌整治方面产生了多方面的有益作用。

社区参与整治类型比较　　　　　　　　　　　　　表 4-5

参与类型	案例	参与深度	参与方式	参与模式	参与效果
街区保护规划创新型	新太仓历史文化保护区规划	民意调查	联席会制度	政府牵头、规划组织、居民参与会议讨论	缺乏决策层面的参与、形式大于行动
	小菊社区详细规划编制	民意调查	入户访谈	居委会组织、规划与居民协调	创新规划编制模式、但实施依赖政府、社区作用未得到体现
街道业态更新活化型	烟袋斜街规划	部分居民参与房屋业态更新	入户访谈居民、召开讨论会	居民自愿参与产业置换决策、清华大学入户访谈调研	可持续活化商业街道、目前不可推广到居住型街区
	杨梅竹斜街更新	部分居民参与房屋业态更新	大栅栏跨界中心	大栅栏投资公司组织、规划引导、居民参与产业置换决策	可持续活化商业街道、目前不可推广到居住型街区
小区公共院落利用型	史家胡同整治	决策整治项目及方案	EBD 工作坊	公益组织发起、居民参与制定整治方案	提升了公共环境质量，受到广泛认可，资金及组织能力依赖公益组织
	菊儿社区整治	菊儿社区公共活动用房和 68 号院整治规划	自治讨论会	公益组织协调、居民讨论公共用房的用途和设计、制定居民公约	提升了公共环境，但缺乏后期管理维护

资料来源：作者自制

4.4　本章小结

本章为把握北京历史街区人居环境整治的实际情况和社区参与式整治的类

型，先对历史街区社区的人居环境进行实地调研和问卷调查，回顾总结了北京四个阶段的整治历程，并对其整治效果和整治模式进行对比总结，最后对社区参与型整治试点进行分类研究，并对其进行分类总结归纳。

从调研的数据统计和访谈的结果中可以得出，历史街区内的整体人居环境呈退化趋势，这种退化体现在空间物质、社会结构以及社区文化等多个方面，首先是物质环境方面，房屋质量低下，且房管所及居民的修缮能力不足，使房屋质量持续老化；人均居住面积较少，拥挤不堪；各种必要的生活设施落后，无法满足现代化生活需求。在社会结构方面，历史街区内的居民呈现出弱势化的倾向，老龄化趋势明显，外来低收入人口聚集，收入偏低，自我改善居住环境的能力较低，受教育程度偏低，维权意识不强，产权关系复杂，居民工作类型以工人或者退休工人居多。社区文化方面，居民中缺乏参与社区公共活动，社区凝聚力低下；非物质文化遗产的传承堪忧，而且丢失了老北京居住氛围。

北京市对日益衰退的历史街区进行了多种形式的整治，大体经历了四个阶段，第一阶段为新中国成立后到1980年代中期的鼓励居民私搭乱建时期；第二阶段为1980年代开始的建筑形态改良时期，强调通过建筑形态改良来逐步改造旧城；第三阶段为1980年代中住房体制改革之后的大拆大建时期，打着危改项目之名行房地产开发之实；第四阶段为保护规划政策确定后的渐进更新期。从整治阶段的发展历程看出，强调居民的参与、平衡利益各方和社区发展是历史街区整治的趋势。

在对参与式整治方式进行探索的过程中，逐渐形成了三种参与式整治类型，即街区尺度的保护发展规划制定，街道尺度的业态更新活化带动环境整治，社区公房利用及公共生活秩序建立。三种参与式整治类型各有出发点和特征，对参与式整治模式进行了有益的探索，但仍然有诸多方面的因素限制社区参与发挥作用。

第5章 影响因素分析

本章提出北京历史街区人居环境整治中的社区参与影响因素假说。通过前四章的理论研究、案例研究和北京市特点的分析，从理性选择、社区认同和制度供给三个方面的进行研究，结合整体调研问卷的统计结果归纳出适用于北京市普遍情况的社区参与影响因素。

选取北京六个较为典型的历史街区作为调研对象，即新太仓小菊社区、大栅栏杨梅竹斜街、东四南史家胡同、南锣鼓巷南锣社区、什刹海烟袋斜街和阜成门内大街白塔寺六个地区，每个历史街区35份，共发放210份问卷，实际回收样本数为203份。由于在北京旧城历史街区居住人口中流动人口占比颇高，调研回收样本中有相当数量的样本是短期暂住的流动人口。通过前章的调研发现，这部分人群对于所住社区的整治大多数呈漠视的态度，同时根据民政部关于居住三年以上的居民就拥有参与社区事务的权利的规定，将居住期未满三年的"暂住人口"样本剔除掉，以便于更科学地得出各影响因素。调整后的总样本量为153份。

5.1　理性选择影响因素研究

居民参与社区整治的理性目的是满足其所在社区的物质和社会环境改善的需求，因此需要分析居民对于社区整治的实际需求是研究理性选择因素的基础，但是从案例分析中可知，居民在整治前后的需求会发生一定程度的变化，居民的整治诉求和参与的进程存在一定的互动关系，不是一成不变的，通过对居民的教育和培育，居民的整治诉求有可能从追求短期利益而过渡到追求长远价值，因此，居民的意识又对于社区参与具有重要作用。且社区可能存在一些先天性的限制因素阻碍居民达成统一的整治意愿[1]，从而对社区参与造成负面影响，下面将从三方面进行具体阐述。

5.1.1 整治内容

从基础理论研究中可以得出，广义的社区整治的内容涉及社会生活的方方面面，对于历史街区社区这一特定对象来讲，其整治内容应该是对物质环境和社会文化环境的综合治理，从国内先行城市的案例研究中可以得知，在开展历史街区整治行动之前，三个案例项目均进行了详细的前期居民意见征询，确保整治行动解决的是居民最迫切需求的问题，而不是自上而下的"长官意志"。从笔者实地调研的情况看，北京历史街区整治的内容具体有5个方面，包括住房条件的改善、市政设施的改造升级、公服设施的优化配置、胡同外观风貌整饬和社区文化建设房屋修缮，但以上内容是否切合居民对整改的期望还需要参考问卷分析结果。

居民对于环境整治的必要性的可视化结果如图5-1，居民对于各项整治内容"必要"的回答率从高到低为住房条件、公服设施、市政设施、街道外观整饬和社区文化建设，居民对于各项整治内容"愿意提供建议和部分资金"的回答率从高到低为住房条件、公服设施、市政设施、街道外观风貌整饬和社区文化建设。可见，居民一般认为有必要整治的项目，他们才更愿意参与整治。因此，整治内容是否符合居民意愿对居民的参与意愿具有较大的影响力。

5.1.2 参与意识

从前文可知，居民对于历史街区的整治诉求是其参与社区治理的根本动

---

1 徐萍. 理性选择理论视角下的居民社区参与研究[D]. 南京理工大学，2015.

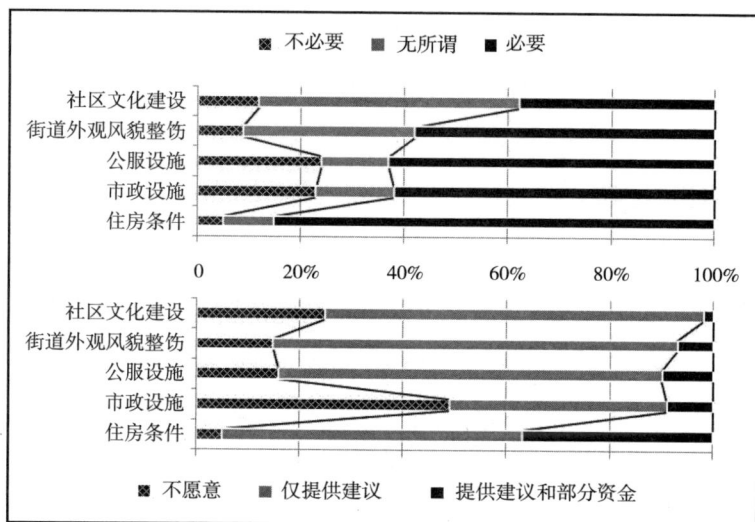

图5-1　整治内容与参与意识的相关性

力，但实际上因为居民参与意识薄弱的限制，居民的整治诉求并不能有效地得以表达。居民参与意识和教育经历及整个国家的文化传统等因素有关，我国有着较长时间的封建社会的历史，国民接受现代教育程度及参与社区公共事务的经历都相对欠缺[1]，导致长期以来居民参与意识薄弱，所以短时间居民的参与意识内难以提高。

我国社区居民参与意识淡薄的原因可以从以下几方面寻找原因，首先我国社区没有相对独立的经济资源、权力资源，难以给居民带来实实在在的直接好处，公民个体对社区公共利益采取置身事外的态度，这极大地妨害了社区普遍的利益。其次，社会发展的开放性也使得公民个体利益需求及实现并不完全局限在社区范围内，使得这部分居民可以通过其他途径获得更大范围的声望和更高级的追求。因此，社区中难免有相当一部分公民的参与仍旧是以"图私利"

1　王亮.北京历史文化保护区规划中"居民参与"的理论与实践研究[D].清华大学，2003.

为目的，"搭便车"为手段，"不参与"为上策[1]。公民应当有更加积极的意识，即只有居民个体之间协同互利，使得社区整体福利和公共利益得到提高，此时个体对高质量生活的诉求才能实现。具备此意识的条件下，公民才会将参与社区公共事务化消极被动为积极主动。

从图5-2可以看出，居民对于"可以提供建议"和"提供建议和部分资金"的回答率达到了八成，说明居民对于参与整治环境的意愿是比较高的，居民对于各项整治活动愿意参与的回答率的排序为住房条件、街道外观整饬、公服设施、社区文化建设和市政设施。居民对各项整治内容的"参与过"的回答率的排序为住房条件、街道外观整饬、公服设施、社区文化建设和市政设施，两者具有一致性。因此可以说居民参与意识越高实际的参与也越多。

从调研数据中还可以发现，居民对于整治的需求仍然集中于基本的住房水

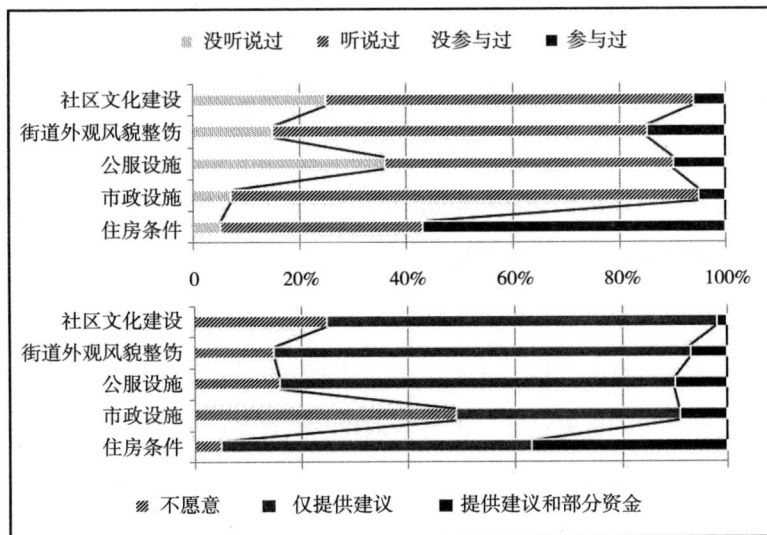

图5-2　居民参与意识与参与情况相关性

1　夏晓丽. 城市社区治理中的公民参与问题研究[D]. 山东大学，2011.

平提高方面，从而对于住房条件的改善的参与的意识也较高。但是居民的主观判断因居民受自身意识不足，对关乎自身利益的其他内容没有足够重视，如历史街道环境整治、社区活动和关乎社区长远利益的保护规划编制等。通过采访可知，大部分居民认为以上三项的改善与自己无关，这和居民对于自己的权利责任认识不清有关。

5.1.3 产权关系

整治内容符合居民的利益诉求是居民参与整治的前提，但社区居民的诉求有时并不一致，甚至是不可调和的矛盾体，居民选择的不同会导致社区集体无法达成共识而搁置问题，这就是所谓的"集体行动的困境"，因此成功的社区参与往往需要先建立起居民对于整治内容的充分价值认同。调研发现造成历史街区居民难以形成一致利益诉求的最明显的因素是产权问题，表现为不同产权的居民对于同一院落整治诉求的不一致和公共空间整治诉求的不一致，且这种区别因为产权的不同有时不可调和，下面具体分析产权关系对社区参与的影响。

如图5-3，产权为房管所直管房的居民认为非常有必要整治住房条件和市政设施，愿意提出建议但是不愿意出资修缮房屋，而对于公服设施、街道外观风貌整饬及社区文化建设选择了较多的"无所谓"和"不必要"答案。而产权为私房的居民认为非常有必要整治住房条件和市政设施，也愿意提出建议，同时比公房屋主更乐意出资修缮房屋，对于公服设施、街道外观风貌整饬及社区文化建设选择了更积极的答案。参与意识和整治意识最为积极的属单位自管房居民，他们由于本身所住楼房建筑质量较好，对于基本的住房条件和市政设施改善意愿不大，但是与其他两类产权相比，更加关心公服设施、街道外观风貌整饬及社区文化建设等公共利益行的整治项。不同产权人对于历史街区社区的整治诉求的差别可见一斑。

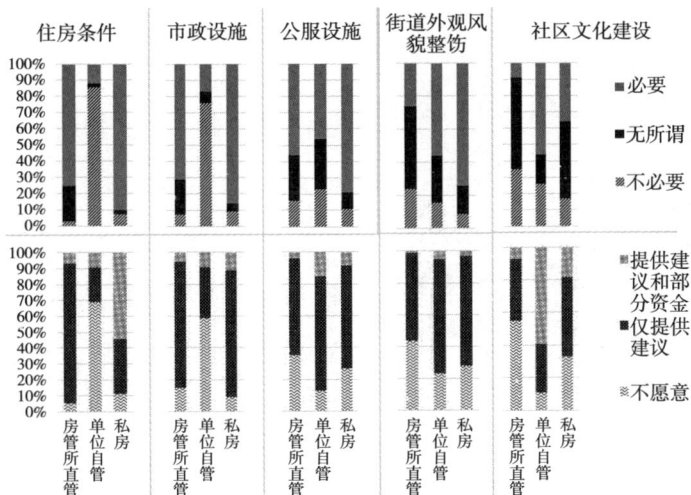

图5-3　产权关系与参与意识及整治必要性的相关性

新中国成立之前，四合院的产权归属相对较明确，因此房屋普遍能得到及时有效的维护和修缮，但随着1958年后权制度不断变化，多方权责混杂不清，常因"所有者缺位"使院落维护改造事项"搁浅"[1]，而且，产权边界的不明确使得各类居民争相在院落中私搭乱建，四合院最终变成拥挤不堪的大杂院（图5-4）。公共房屋由于产权与使用权的分离、产权的不明晰，致使难以修缮和投资；而私房由于新中国成立初期被没收或赎买，用以安置大量无房居住的人，这部分房屋的使用是无偿的或租金极低的，导致房屋日常维修无以为继。此后，又经过"大跃进"时期、"文革"时期混乱的城市管理，使得一栋房屋可能几经人手，产权变得更加复杂。

继1980年代后私房政策落实后，中国的房地产开发可谓日新月异，在大拆大建的时代，旧城的私房随时面临拆迁，导致房主不愿修缮，以免产生"无谓"的花销。加之直管公管房房租极低，房管部门对维护事项尚且"心有余而

1　王军.十年[M].生活·读书·新知三联书店，2012.

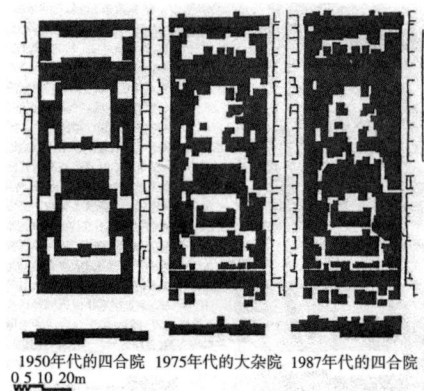

1950年代的四合院　1975年代的大杂院　1987年代的四合院
0 5 10 20m

图5-4　四合院变大杂院
资料来源：董光器.古都北京五十年演变路[M].东南大学出版社，2006.

力不足"，何谈改善住房条件、保护传统风貌。据居委会工作人员介绍，西城区需要腾退的文物面积近13万m²，资金投入以百亿元计，还要配建相应的安置房，投入巨大，远非政府财政收入力所能及，而且这里所粗略估计的费用只是名人故居内的整治费用，一般传统民居的数量更加庞大。

"经租房"的居民，由于没有房屋产权，缺乏对社区的文化认同感和归属感，认为自己没有维护"公家财产"的义务，继而出现"人户分离"，即由于公产院落长期缺乏"维护者"，有条件的经租户为了改善居住环境逐渐搬出历史街区，但所有权没有返还，而是出租给外来人口，但户口仍留在历史街区内，以便拆迁时得到补偿。因此，经租户与私房主对于整治的诉求因为产权的不同而区别很大，私房主更倾向于渐进性的整治而经租户更希望从中得到"实惠"。因此，产权问题已经成为制约历史街区社区居民采取一致行动的重要阻碍。

5.2　社区认同影响因素研究

社区认同是驱使居民参加社区公共事务的重要条件之一，而社区认同又受到诸多因素影响。根据城市生态学的研究，现代城市高度的人口流动性瓦解了社区的稳定性，从而对社区参与造成不利影响[1]，在此基础上，卡萨达

1　Wirth，L.Urbanism as a Way of Life，in Hatt P.& reiss，A.J.Jr.（eds）[A].City and Society. Glencoe：The Free Press，1957.

（Kasarda）和雅诺维茨（Janowitz）用在英国的实证数据佐证了城市生态主义的观点，并进一步得出了细化的结论，他们的研究表明：实际上居住年限和流动性明显影响社区居民之间的正式联系或是非正式社交，以及影响牢固的朋友关系的建立，而这又影响到社区组织的发展水平。

随着研究的深入，许多研究者也开始将更多的细化因素纳入到社区认同的影响因素中来，希望进一步研究促使个体形成不同的社区认同感的影响因素。

这些因素大概可以分为三类：

（1）居民社会属性：包括性别、户籍、年龄、收入水平、学历、单位类型及职业、居住年限。

（2）居民对社区的评价：主要指个体对于之前调研的社区各项内容的满意度，考查内容包括住房条件、市政设施、社区公共服务设施、街巷外观风貌和社区文化建设。

（3）社区交往：社区居民相互之间交往的水平，本书用居民在社区内的社会交往人数和频度。

本书将采用量化和实证的方法依次研究社区认同及其因素，为此需要先研究社区认同的定义和测量方法。

5.2.1　社区认同感的测度

社区认同采用5个维度的居民认同程度来表示，在访谈居民时，使用5种陈述的分值来代表5个维度的高低程度（表5-1），即"我希望在此长期居住"代表归属感（Belonging）、"我和附近的居民关系都很好"代表感情联系（Tiesand Friendship）、"我的意愿和想法能被社区所关注"代表参与感（Influence）、"我能在遇到困难时得到社区其他成员的帮助"代表支持感（Support），"我是这个社区的一员"代表认同感（Conscious Identification）。每一个问题设置"非常同意""比较同意""一般""不太同意""很不同意"五种程度。归属感、感情联系、参与感、支持感、认同感这五个维度求平均值，作为居民社区认同的量值。

社区认同感测度表　　　　　　　　　　　　　　　　表 5-1

	非常同意	比较同意	一般	不太同意	很不同意
希望长期在此居住（归属感）	5	4	3	2	1
和附近居民关系很好（感情联系）	5	4	3	2	1
想法和意愿能受到关注（参与感）	5	4	3	2	1
可以从邻居那里得到帮助（支持感）	5	4	3	2	1
我是这个社区大家庭中的一员(认同感)	5	4	3	2	1

资料来源：陈振华．利益、认同与制度供给：居民社区参与的影响因素研究 [D]．清华大学，2004.

5.2.2　个体性因素

（1）个体社会属性变量

主要考察包括性别、年龄、户籍、收入水平、学历、"单位化程度"[1]和居住年限等变量。

①女性比男性的社区认同高（图5-5）。原因可能是女性居民之间的交往更加频繁，性别因素可能并不直接居民的社区认同感，而是通过社区交往的频繁程度来间接影响，社区交往频繁度因素将在下面的分析中给以验证。

②在剔除掉居住未满三年的样本后，目前样本中仍然存在相当数量的非北京户口居民，且这部分居民符合民政部关于居住三年以上的居民拥有参与社

1　"单位化"程度是指居民的工作组织的"单位化"特点，中国长期实行计划经济，形成了一套通过单位分配社会福利的机制，通常单位化程度越高，意味着居民的社会保障、福利、住房、职业升迁等都更广泛地依赖于单位。李猛等曾经提出"单位典型性"的概念，可参见文献：李猛，周飞舟，李康．单位：制度化组织的内部机制[J].中国社会科学季刊（香港），1996年秋季号（总第30期）：45-62.

区事务权利的规定，因此将这部分居民的样本也计入有效问卷中。调研数据显示，有户口的居民比没有户口的居民有着更强的社区认同感（图5-6），且差距较为明显，因此可以判断是否北京户籍对于社区认同有着较为明显的影响。

③年龄越大对社区更有认同感（图5-7），调研样本中年龄在65岁以上的组别的人群有着更为强烈的社区认同感，原因可能是老年人有更多的时间和精力投入到社区公共事务和社区交往中，而且老年人大多数居住时间较长，对长时间居住

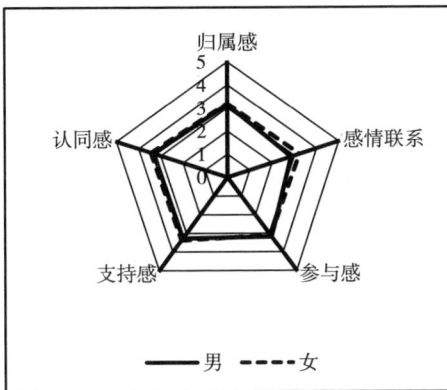

图5-5　性别与认同感相关性

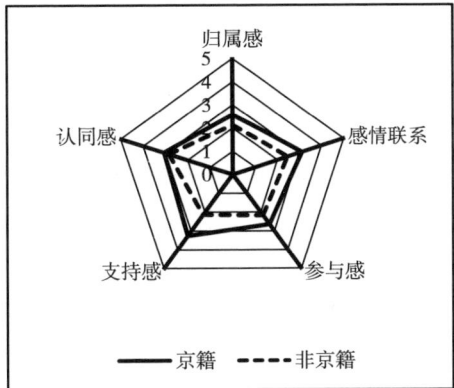

图5-6　是否京籍与认同感相关性

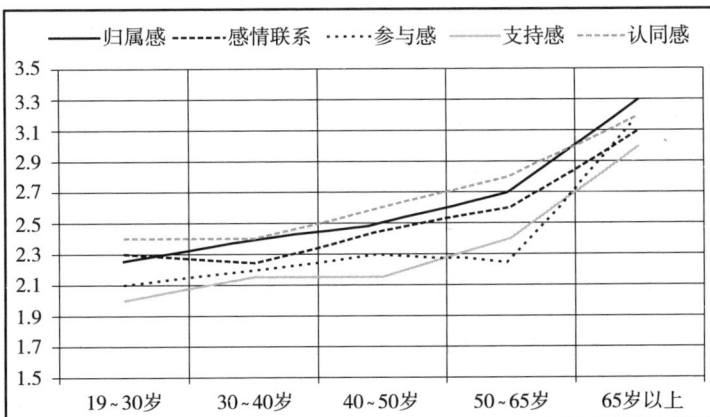

图5-7　年龄与认同感相关性

的地方有感情联系，因此年龄因素可能是通过居住时间因素间接影响社区认同。

④收入水平越高，社区认同的总体趋势越高（图5-8），收入高的居民对社区具有更高的认同感，而仍然处于物质财富积累阶段的年轻人和收入较少的人群来说，他们更愿意把时间花在工作上而不是社区公共活动中。可视化结果显示，但是当收入水平达到5万元/年的水平时，社区认同感值并不继续增加。在现场调研中发现，收入达到10万元/年的人群主要是中青年白领和国家机关单位退休人员，往往具有较高学历，且社会地位较高，他们的认同感相比5万~10万元/年收入的人群并没有增加，反而出现小幅下降，这一现象佐证了有较多时间和精力投入社区事务的人群对社区更认同的假设。

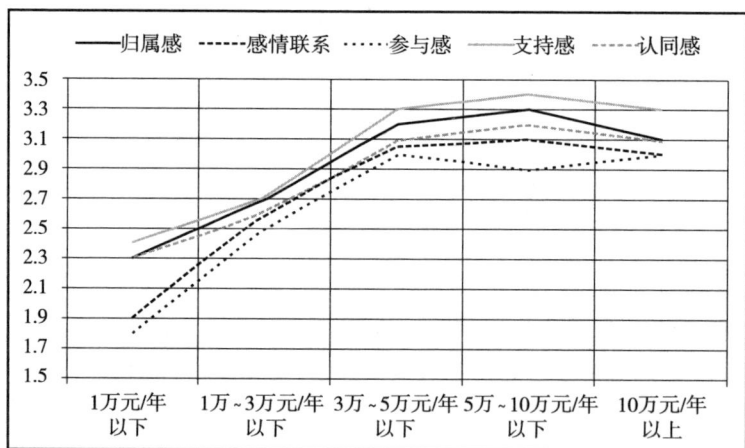

图5-8　收入与认同感的相关性

⑤学历越高的人社区认同值的总体趋势越高（图5-9），原因可能是文化程度高的人具有更高的参与意识，但是比较特殊的是通过可视化结果可以看出，文化程度最高的受过本科及以上教育的人群反而社区认同感出现小幅减小的趋势，调研发现，本科及以上学历的人群收入水平也较高，这一现象与收入

水平对社区认同的作用机制较为一致，即收入普遍较高的中青年缺乏时间和精力关心社区事务，与社区内其他居民的交流很少发生，因此难以形成更强的社区认同感。

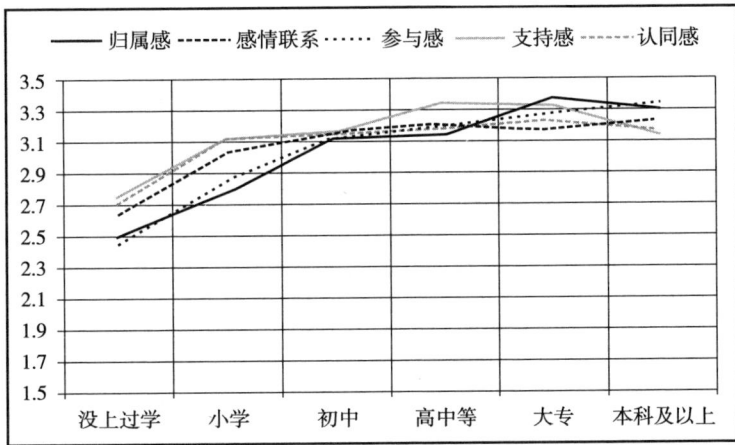

图5-9　文化程度与认同感的相关性

　　⑥笔者将单位化程度分为四类：政府机关/事业单位、国有企业、集体/三资私营企业、无单位[1]。

　　在计划经济时代，国企及政府机关的工作人员的很多项公共服务是由单位提供的，这种管理体制也被称为"大院制"，社会主义市场经济体制建立之后，随着"大院制"的瓦解，历史街区内的单位住房社区原先由政府和"单位"提供的社区公共服务越来越多地转向了社区。例如餐饮、房屋维修、社区环境、物业管理、市政设施等服务原本由所属单位后勤部门负责，转为由居民通过购买市场化服务来解决，但目前仍然有部分单位的附属住房小区为居民提供独立的物业管理等服务，目前历史街区所在的居委会辖区内的物业管理方式

1　张飔.北京旧城居住区社会结构研究——以烟袋斜街为例[D].清华大学，2003.

多数是市场化物业公司运营，因此可以预判的是"单位化"程度高的居民对于社区服务的依赖度较低，参与社区事务的必要性降低了，因此可以推论其社区认同感也较低。

但是通过调研数据统计发现（图5-10），单位化程度较高的国企和政府机构的工作的居民一般具有较高的社区认同，私企、个体经营者次之，无业者单位化程度最低的社区认同感也最低，这与之前做出的推论相悖。

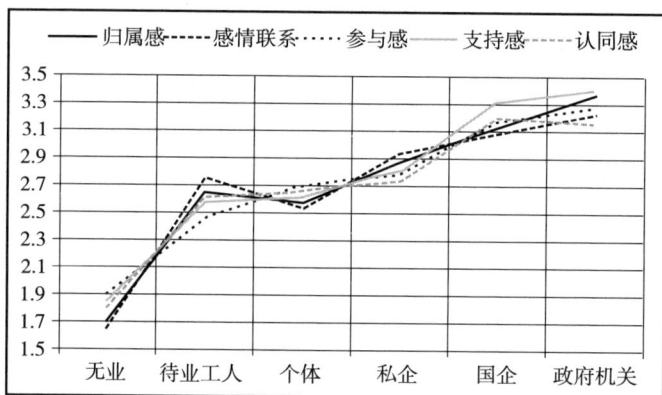

图5-10　单位类型和认同感相关性

进一步通过单位类型与年龄的相关性情况得知（图5-11），政府机关或国企两类"单位化"程度较高的人群的年龄分布集中在50～65岁和65岁以上两个年龄段，私企和个体户两类"单位化"程度较低的人群的年龄分布集中在中壮年年龄段，无业和曾经是工人人群中以50～65岁居多，在进一步的访谈中了解到，虽然同在一个居委会管辖范围内，这两类居民社区认同感却呈现出极大的差异性，单位化程度较高的人之间社区交往频繁，且与居委会的人际关系比较密切，参与社区公共活动较多，因而更加认同社区，而低收入人群因为生活方式、交往能力和社会关系圈的不同，在社区内的交往频率比较低，两类主要人群之间出现了"老死不相往来"的现象，这可以用社会科学领域的居住隔离现象来解释，生活在同一地域的人出现了彼此隔阂，交流很少的现象，这种趋势可能会导致社会阶层固化的消极影响。

　　⑦居住时间与社区认同感存在正相关关系（图5-11），居住时间越久的居民对社区认同感越强，原因很大程度上可能是久居同一社区使居民对社区的感情深厚，联系紧密，认同感更强。居住3～5年居民的认同感值比居住5～10年居民的认同感值有较大的提升，之后随着居住年限的增加，社区认同值的增加变得平缓。从较为极端的外来租户有关社区认同的访谈中了解到，他们对于历史街区的认知仅仅是工作后休息的空间，只要觉得租金合适，居住地点并不会对他们的心理造成影响。

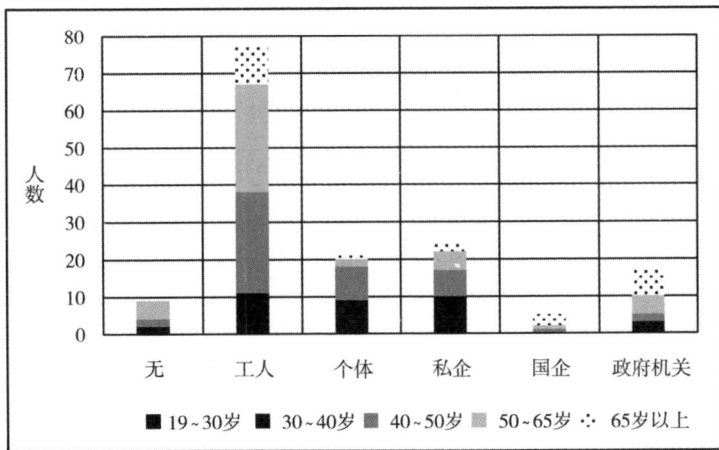

图5-11　单位类型与年龄相关性

　　从图5-12对个体属性变量的分析中可以看出，这些个体属性变量对于社区认同的影响机制是通过社区交往因素间接作用于认同感，因此后文将对其影响程度作进一步验证和说明。

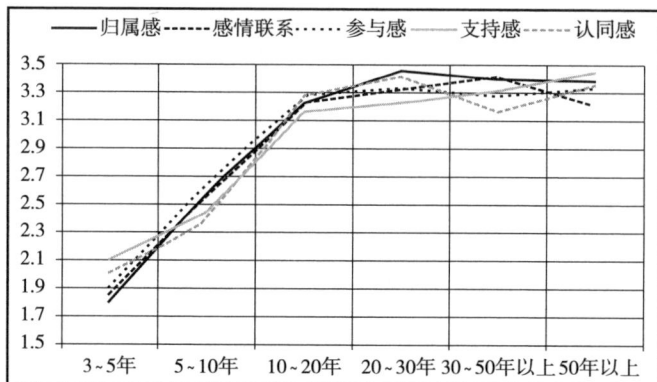

图5-12　居住年限与认同感相关性

（2）个体社区评价变量

个体社区评价可以用居民对社区各项指标的满意度评定来刻画，这些指标包括对住房本身、社区内部公共服务设施、街巷外观风貌整饬、周边市政设施和社区文化建设等方面。其中住房方面是指住房面积、房屋结构、厕所的配置、厨房的设置、是否低洼院落等涉及居民住房内部或本身的内容，公共服务设施是指停车、安全设施、休闲活动、体育健身等内容，市政设施是指给排水、供暖、供电、网络等内容，胡同外观风貌整饬是指对胡同两侧的建筑物和构筑物进行保护性修复或外观整治，社区文化建设是指社区共同建立的维护社区环境文化和精神文化。

对各项社区各项指标满意度高的居民比满意度低的居民的社区认同感更强，因此社区评价满意的人群对于社区更具有认同感（图5-13）。

（3）社区交往变量

社会交往变量以居民一日内与同社区居民交往的次数来表征.分析过程及结论：

①随着居民每天经常交往人数的增加，居民的认同感也在增加，因此社区

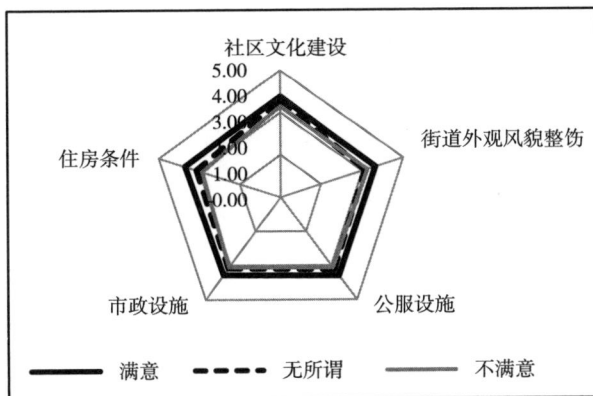

图5-13 社区评价与社区认同的相关性

交往程度越高的居民对社区认同的平均值更高，而且根据以上对个体社会属性因素的分析，可以得出社区交往变量是性别、年龄、收入水平、学历、工作单位的"单位化程度"和居住年限等间接因素的中间变量。社区交往变量对于社区认同具有普遍的影响力，同时从个体属性变量对于社区认同的分析中可以认识到，社区交往网络的生成不是朝夕之间产生的，需要一定的居住年限和稳定的社会环境，这可以从2004年之前的大规模"危改"模式造成的历史街区的社交网络断裂和社会结构的剧烈变革得到佐证（图5-14）。

进一步的访谈中发现，历史街区社区交往的三个特征，第一个特征是交往对象的社会属性趋同性，第二个特征是产权纠纷对社区关系的消极影响，第三个特征是流动性人口与当地居民的交往隔离性（图5-15）。

②交往对象社会属性趋同性。在对社区交往程度较高的居民的调研访谈中发现，他们的交往对象往往具有与自己相同社会属性特征，在采访南锣鼓巷居委会工作人员时了解到，"单位化"程度较高的居民与个体经营和私营企业工作的居民很少有交集，与低收入者更是基本不发生交际。在对南锣鼓巷生活居住了30多年的林奶奶访谈的过程中了解到，"单位化"程度较高的居民的交往对象

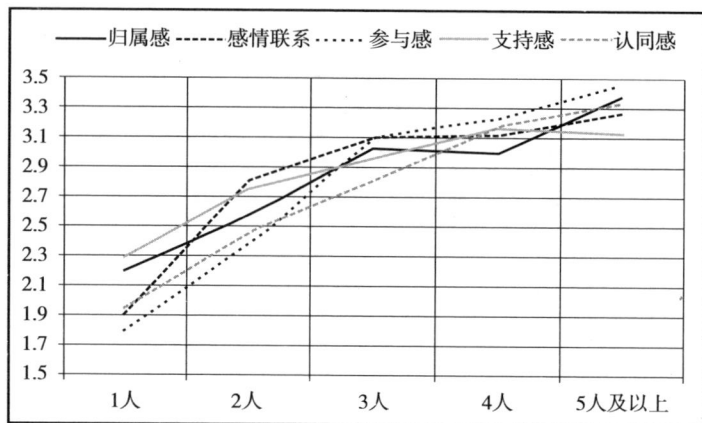

图5-14 社区交往与认同相关性

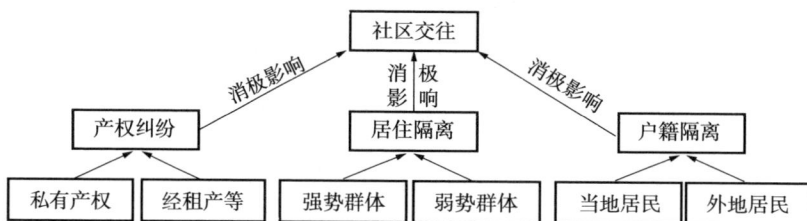

图5-15 社区交往限制因素
资料来源：作者自制

基本上都是相同单位类型的居民，且居委会组织的社区文化活动的参加者也多数是此类人群，社区活动增加了此类居民相互之间的交流机会，却也排除了外地人和低收入者的参与，这种现象与不同"单位化"程度的居民交往特征一样，都是社区中社会地位较高的人群与弱势群体之间的交往隔离现象（图5-16）。

③产权纠纷对社区关系的消极影响。历史街区居民社区交往的另一特征是，在对低社区交往度的居民进行访谈时了解到，有房屋产权纠纷的居民关系不睦，当事双方争议的焦点围绕拆迁补偿款而展开激烈的斗争，且争议产权房屋大多数是分布在同一院落中的"经租房"，被分配到"经租房"中居住的住

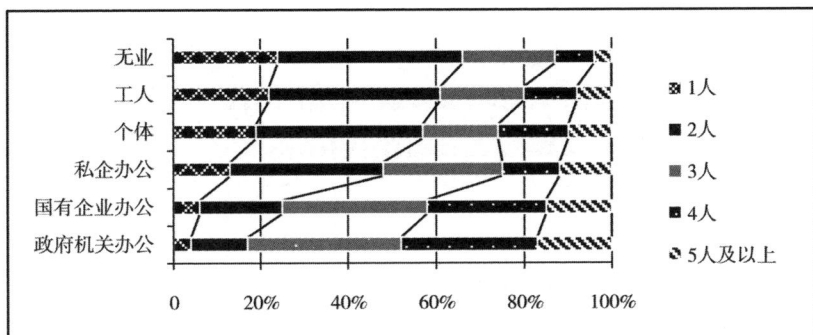

图5-16　单位化程度与社区交往频度相关性

户，大部分已另迁新居，但多数并未将原有的房屋退回房管局，而是转租或闲置。造成这种情况的原因有两方面，首先这些直管公房租金保持计划经济体制下的低廉，其次这些"经租房"所占面积在拆迁补偿面积范畴内。如果政府对其所在区域疏散拆迁，这部分住户将获得一笔可观的赔偿，反观当初参与私有出租房屋社会主义改造的私房主们，首先1980～1990年代因为拥有私产无法享受分房福利，后又将产权"上交国有"，同时也无法得到拆迁补偿。老房主的"房财两失"对比新租客的"两全其美"，难免令人无法接受。因此，围绕"经租房"的补偿价值，社会主义改造前的私房主与房屋实际持有者之间矛盾频发，对社区认同造成了明显的负面影响（图5-17）。

　　④流动性人口与当地居民的交往隔离性。流动人口与社区内的其他居民交往较少。且通过实地访谈得知，历史街区社区内的居民构成比较复杂，且流动性较大的外来租客占比较大，他们与本地居民在思维方式和生活习惯等方面存在很大差异，两者存在交往隔离现象（图5-18）。

　　从南锣鼓巷曾任居委会主任的林奶奶的访谈中可知，当地居民对于外地人的行为和生活方式怀有很大的质疑，认为他们经常不考虑自己的行为对院落内一起生活的其他人家的负面影响，比如乱堆放垃圾、在胡同内高速行驶电动

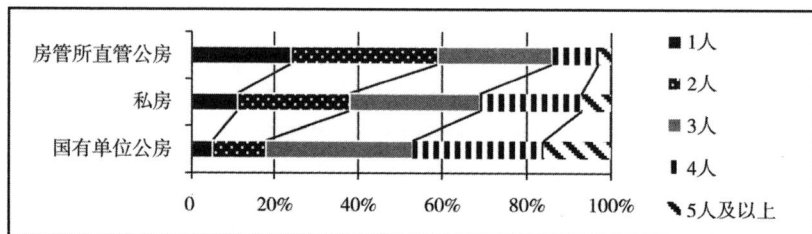

图5-17 房屋产权与社区交往频度的相关性

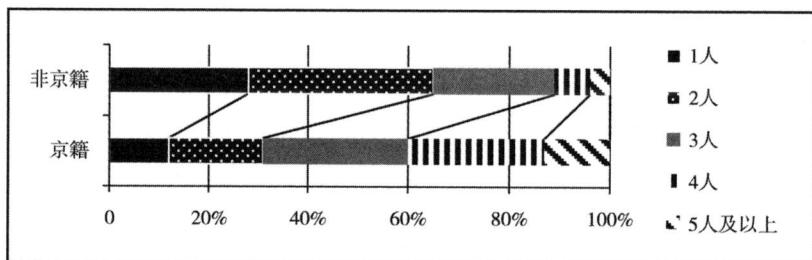

图5-18 户籍与社区交往频度相关性

车、晚上休息时间制造噪声等。林奶奶认为历史街区内的外来人口大多数素质低下，当地居民除非一些必要的购物行为，很少与他们打交道。

5.2.3 社区性因素

社区因素考虑的是社区本身空间特征对社区认同的影响，历史街区社区的空间特征是空间资源有限、具有文化旅游价值和人口过于稠密，这样的特征会引起对空间资源的争夺，体现在院落内部人口之间的空间争夺就是加建和插建行为[1]，体现在胡同等公共空间就是游客对于居民的零时性空间占有和居民对历史街区旅游开发的上访和告状，因此本节以居住密度和旅游开发为指标研究社区因素对社区认同的影响。首先对于居住密度因素的研究，因为历史街区有建

---

1 吴春.大规模旧城改造过程中的社会空间重构——以北京市为例[D].清华大学，2010.

筑高度的限制，因此其无法用传统的单位用地面积上的人口指标来衡量人口密
度，可以采用人均居住面积来代表居住密度因素。其次对于旅游开发因素，用
居民回答是否受旅游业干扰的问题的回答率来衡量（图5-19）。

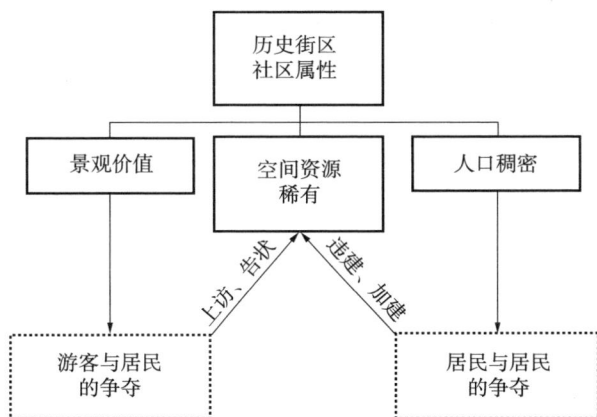

图5-19　社区性因素影响社区认同机制
资料来源：作者自制

分析过程及结论：

①人均居住面积较少的居民，其社区认同感也较低，说明生活环境较拥挤
的居民缺乏社区认同。根据美国简·雅各布斯的理论，社区需要保持一定的人
口密度来维持其活力，但对于历史街区社区来说，过量的人口密度并没有形成
正面效应，在未建立社会主义市场经济体制之前，经过几次大的人口迁入，北
京历史街区内已经承载了超量的人口，而在近30年的人口大量涌入北京的时期
内，又有大量的外来流动人口以租住的形式聚居在此，而过量的人口面对有限
的社区资源时必然会造成社区矛盾的增加，且绝大多数外来人口基本上对社区
事务采取了漠视的态度，对社区缺乏认同感，对社区的公共环境相对缺乏维护
意识（图5-20）。

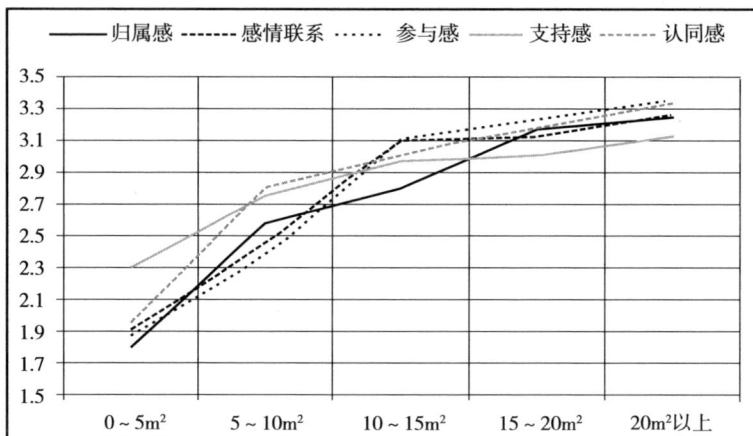

图5-20 人均居住面积与社区认同相关性

②受旅游开发影响小的居民对于社区的认同感较高，受旅游开发影响大的居民对于社区的认同感较低，证明了旅游开发是否适度对于社区认同感确有影响。在调研什刹海烟袋斜街所在的前海东沿社区居委会工作人员的过程中了解到，房屋距离传统商业街距离较近的居民经常到居委会投诉商业街店铺，认为这些店铺的经营干扰到了居民的正常生活，但是居委会在管理时因为权责有限难以发挥实质性作用（图5-21）。2015年南锣鼓巷因过度商业化而落选中国历史文化名街称号，经过网络媒体及居民的共同努力，南锣鼓巷商会主动要求店主进行整改，2016年11月南锣鼓巷整治工程全面开展，部分严重偏离历史文化名街氛围的商业退出南锣鼓巷，目前已经全段整治结束，增加了不少传统老字号店铺，原来过大且颜色明度过高的招牌也统一撤换，退线更多，更便于人流穿过。

还有不少居民表示过度的商业化运作已经使传统历史文化名街丢失了的历史原真性。笔者在现场调研中了解到，一些有着宝贵历史文化价值的传统商业被现代商业"驱离"或者"淹没"，无形的非物质文化遗产继承状况堪忧。如图5-22，南锣鼓巷剪纸梦工艺品店铺无人问津，其店铺西侧的南锣鼓巷内的

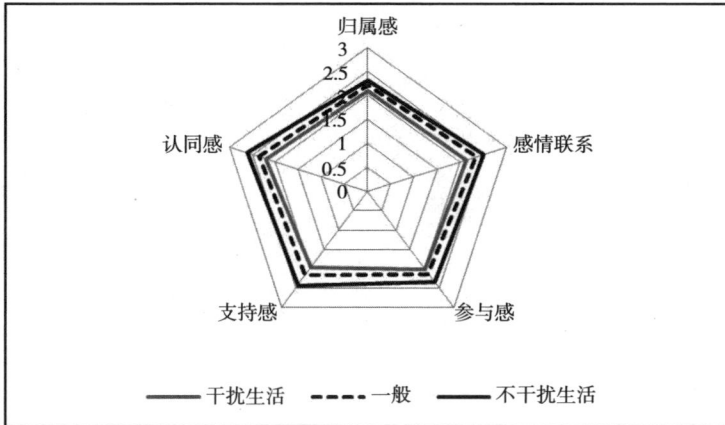

图5-21　是否受旅游业干扰与社区认同的相关性

图5-22　南锣鼓巷的餐饮店（左）与西侧的"剪纸梦"传统手工店面（右）
资料来源：作者自摄（2016）

小吃店人满为患，两者差异明显。

　　适度的旅游开发有利于低收入人口的增收，从而提高居民改善自身环境的经济能力。调研地区中，南锣鼓巷、烟袋斜街和大栅栏地区是传统商业街，旅游人口众多，对社区居民的日常生活造成一定的消极影响，而小菊胡同、史家胡同和白塔寺地区保持了比较单纯的居住职能，居民受旅游人口的影响较小。从图5-23中可以看出，2003年的南锣鼓巷保持了安静的社区环境，但是之后因

图5-23　2016年（左图）与2003年（右图）的南锣鼓巷主街
资料来源：左图作者自摄、右图来源于旧城吃喝玩乐地图

旅游业的发展而变得拥挤不堪。因此，适度的旅游开发和产业更新对于历史街区具有积极作用，而过度的不符合历史街区风貌的旅游开发则会对居民生活造成困扰，也使得历史风貌受到破坏。

5.3　制度供给影响因素研究

长期以来，社区功能萎缩、制度建设较落后的现状致使社区参与渠道缺乏、制度残缺，直接抑制了居民参与的积极性。反之，如果具备完善的功能与健全的制度，居民的积极性就会大幅提升。因此制度的供给对社区参与影响突出，下面就将从制度供给的政策态度、参与载体以及参与渠道等三个方面展开研究。

5.3.1　政府支持

现阶段我国整体处于"强行政""弱社会"的管理体制下，与南方一些城市和地区相比，北京的民间力量相对于政府更为弱小。现阶段我国的社区参与的发展和成效还需要政府的支持以及法律层面的支撑。此外北京作为首都，政府对城市发展的控制力比其他城市和地区更强，从北京历史街区实况调查中可以看出，不同类型的社区参与行动均是政府主动提出的，社区参与的规模和层次均有政府来把控。可见政府的政策态度对于推进社区参与至关重要。

从北京历史街区的整治历程来看，从最初对无序加建和自建的放任到大拆大建的"一刀切"再到渐进更新的"自愿参与"，体现了整治的政策和居民参与的强相关。从国外先进国家的社区参与制度可以看出，要想确保社区在环境整治中的主体地位，就必须通过立法强制公权机构支持社区，1977年之前的法国一直以严格和强制性的历史保护政策推动历史建筑修缮和历史街区复兴，直到"改善居住计划"的提出，该政策鼓励居民自主修缮房屋，并通过社区合作的方式组成环境提升小组，维持适当的邻里关系网络。

对于国内外的历史街区案例研究中可以看到存在"自下而上"的成功整治案例，如意大利的"邻里合约计划"，社区自治组织邻里议会作为博洛尼亚最重要的咨询和决策职能工具，在此次老城区住房改善计划中占据了重要的地位，可以视为是社区主导而非政府主导的整治行动，但不可否认的是，国家及大区对社区行政和政治决策权力的赋权是博洛尼亚规划实验成功的重要原因。台湾地区的大溪老街和日本的社区总体营造都是社会团体在某一地区发起的历史街区保护运动，政府最终与社区达成和解，并承认其合法地位，给予法律方面的保障，之后社区营造才得以在全地域范围内得以推广和实施。

5.3.2　社区及社会组织

社区组织作为社区居民参与的重要载体，发挥着不可替代的作用。不同的利益诉求需要借助社区组织的协调才能形成合力，且社区组织的话语权在涉及多方利益博弈的环节中更为有力，因此世界范围成功的社区参与实例都得益于良好的社区组织。目前社区中与居民公共利益和公共事务有关的正式合法机构主要有社区居委会、物业管理公司和第三方自发组织等三类，以及志愿者团体、文体协会等少量其他衍生组织协会。以下对居委会、物业管理公司、第三方公益组织（NGO）三种社区组织进行分析。

（1）居委会

根据1989年12月26日颁布的《中华人民共和国城市居民委员会组织法》，"居民委员会是居民自我管理、自我教育、自我服务的基层群众性自治组织"。说明居委会具有较为全面的基层自治权，且是唯一的合法社区组织。但是调查结果显示，居民对居委会组织的活动的参与积极性较差，如图5-24，9%的居民表示没有听说过居委会会议，56%的居民表示听说过、但是没参加过居委会组织的活动，24%的居民表示参加的很少，只有11%的居民表示积极参与居委会的活动。

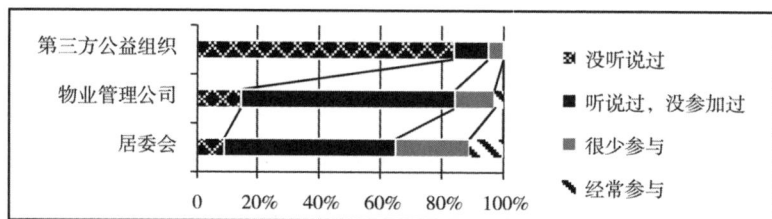

图5-24　居民对于社区组织的会议的评价

从现在居委会的实际工作内容看，由于承担了大量街道下派的行政工作，如外来人口管理、卫生环境管理，从居民对居委会的认知情况来看（图5-25），很多人认可居委会是政府的半个代言人的说法。而街道办事处很大程度把控着居委会的经费、考核、人事等。具体的表现在人居环境整治工程中，居委会则主要起到告知、解释和协调利益纠纷的作用，制定整治计划和确定实施环节更多的是由街道办来决策。如2016年底北京市提出疏解非首都职能和疏

解人口的政策，各街道办事处都承担了
上级政府委派的疏解任务，街道再下派
到居委会来具体负责工作。2017年南锣
鼓巷雨儿胡同10处院落拆除违法建设多
处（图5-26），清理占用消防通道的大
件垃圾，铺设道路和整理飞线，安装为
历史街区居民区设计的厨卫模块，制定

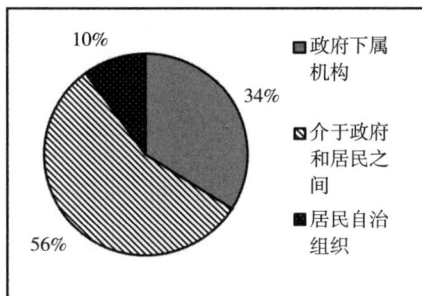

图5-25　居民对于社区居委会的认识

《居民自治公约》，对院内的公共空间使用、废弃物处理进行规范，在整治工
作中居委会做大量的协调工作，但是负责实施的是拆迁部门。居委会和其他职
能部门一样都是为了完成上级下达的任务而临时组织整治活动，平时并没有长
效机制来维持建设秩序。

　　日常的社区工作中，居委会主要对上负责，而忽视居民的实际需求。居民
会议原本是居委会真正的权力机构，与居民全体利害相关的重大事项应经过会
议讨论通过，而由于居委会的行政化和居民会议的形同虚设，使居民缺乏发表
意见的渠道，也导致居民对于居委会参与热情大为降低，这使得居委会本身行
动能力大大削弱。

图5-26　雨儿胡同10号院整治中（左）、整治后（右）照片
资料来源：南锣鼓巷社区居委会（2017）

（2）市场化服务机构

随着城市住房制度改革，社区服务市场化，产生了物业管理公司这样提供社区公共服务的市场性机构。居民作为消费者购买物业管理公司生产提供的社区服务，因此二者之间应该是一种纯粹的契约关系。根据《物业管理条例》第二条规定：物业管理是指"业主通过选聘物业管理企业，由业主和物业管理企业按照物业服务合同约定，对房屋及配套的设施设备和相关场地进行维修、养护、管理，维护相关区域内的环境卫生和秩序的活动"。针对相关条例，历史街区也开始顺应创新趋势，开拓社区环境维护的市场化路径，如2016年9月，东旭佳业物业管理公司进驻交道口街道西片区的29条胡同，南锣鼓巷地区实现物业化管理的全覆盖。包揽了区域交通停车秩序、环境秩序、绿化养护、保洁卫生、街区历史风貌保护等管理服务职能。区域整体管理水平，规范街区秩序，延伸公共服务，生活品质，历史风貌保护程度都大幅提升，利于建设和谐社区。

居民对于物业管理公司有比较广泛的认知，但是参与度较低。实际调研中发现，物业公司服务的范围非常有限，仅在公共的胡同空间整治内容上，涉及包括环境卫生、停车位规划管理和市政设施简单维护、路灯等，但是涉及院落内居民的不规范行为时，其工作很大程度上依赖于居委会的协调，因为院落内的大量的低收入人口是不在物业管理公司服务范围内的，但是其破坏公共环境的行为如乱堆放垃圾等却影响了其他居民的生活，这使得物业管理公司的角色和责任变得很模糊。

（3）第三方组织

国外及先行城市的历史街区保护经验都提到了第三方组织的重要作用，第三方力量是基于市民社会基础上，以中立的身份，参与到城市问题的治理中（图5-27），在西方社会中主要指非政府组织NGO（Non-Governmental

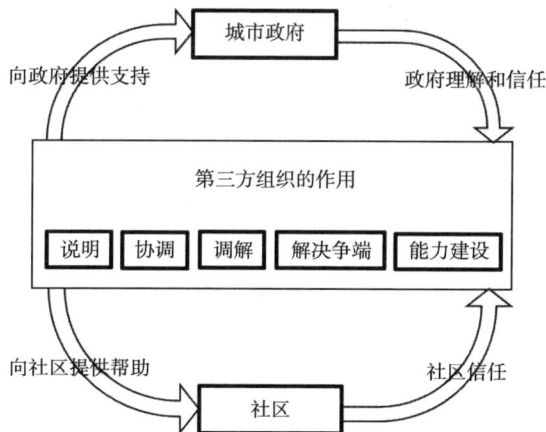

图5-27　第三方组织发挥的作用
资料来源：作者自制

Organizations）和非营利组织NPO（Non-profit organization）。如日本一番街社区营造活动中的"川越藏造建筑学会"坚持保护历史建筑的原则，帮助社区策划传统节日，使一番街的商业活力回归，从而让居民认可了历史建筑的价值。雅加达贫民区社区自助式改造中，KIP小组运用专业知识帮助居民改造供水管道，并向政府争取社区创业贷款和申请合法建设许可，后期培养社区组织实现自我更新能力提升，起到了连接社区和政府两方的协调作用。

随着我国对公民社会理念认识的加深，以NGO为主的第三方组织得到了快速的发展，并且逐步介入到城市的发展中来[1]。如2002年由宋庆华成立的北京市东城区社区参与行动服务中心，一开始是一个社区居民兴趣小组，在国外系统学习了参与式治理的方法后，开始将社区参与模式运用到国内的社区建设，并尝试解决社区实际问题。如2008年和2010年与交道口街道、东城区规划分局联合开展了菊儿社区公共活动用房改造及68 号院公共空间环境整治行动；2011

1　吴祖泉. 解析第三方在城市规划公众参与的作用——以广州市恩宁路事件为例[J]. 城市规划，
　　2014（2）：62-68.

年与北京市规划设计研究院合作，在新太仓保护规划中引入公众参与。其他第三组织还有查尔斯王子基金会，2010年与史家胡同居委会合作，开展了24号院改造和胡同美化运动，引导居民参与讨论。

第三方组织确实在社区参与整治试点中发挥了重要的沟通协调作用[1]，但是在调研中发现，社区居民很少知道第三方公益组织的工作，如图5-24所示，84%的居民没有听说过NGO，也不了解公益组织的工作内容，只有11%的居民听说过，但是没参加过活动，5%的居民曾经参与过NGO组织的活动，没有居民经常参加其活动，可见北京的社区公益组织的影响力仍然非常有限。

（4）社区组织比较评价

居委会作为行政管理系统在社区的外延，难以做到组织社区形成合力，推动历史街区社区渐进整治更新的作用，但是作为目前社区中最具有认知度的社区组织，其作用仍然无可替代；物业管理公司则受制于市场的趋利性质，管理内容局限于公共空间的环境维护；第三方公益组织虽然在大陆范围内有了较大的发展，并且在一些社区参与试点中起到了协调居民行动的作用，但是与国外的社区团体相比，其影响力十分有限。尽管一些组织在居民参与社区治理的进程中有一定的推动作用，但目前在北京的社区试点中，所谓的"参与"只是一种政府动员推动下的被动行为，探索依然是上行下效的，居民参与社区事务、实现自治的作用并没有真正地发挥。

5.3.3 参与渠道

参与渠道是衡量社区居民参与程度的重要因素，是居民参与社区环境治理的具体实现形式。国际上逾40年的社区实践经验证明，良好的参与渠道能获得

---

1 焦怡雪.社区发展：北京旧城历史文化保护区保护与改善的可行途径[D].清华大学，2003.

多方面的正面效应，包括：在不同的利益团体之间培养共识，整合力量，提高效率；面对复杂问题，先清晰地界定出问题和任务，再找出解决之道；建立一个公开透明的讨论平台来接纳各方意见等。设立目标，制定并施行长期和短期的策略，形成社区的个性；激活利于社区发展的地方网络，产生解决各种障碍的行动催化剂。

从改造整治的阶段来划分，各阶段需要不同形式的参与渠道[1]，分为发起和准备阶段、研讨阶段和后续阶段，各阶段均需要不同的参与渠道来保证社区参与的效果。以扬州老城文化里地块社区行动规划试点为例，在发起和准备阶段，首先要通过详细的调查和家庭走访让居民大致了解其行动目的和方针，其次组织研讨会议等形式的活动，并给出会议的框架和便于居民参与的具体议题，如为了让居民充分认识到历史街区的文化价值，组织居民参与到历史街区价值的讨论中。在研讨会阶段，充分地表达意见和建言献策，确定改善措施的实施难度和优先顺序。制定详细的行动计划，包括改造内容、责任主体、改造措施、资金来源和政府扶持政策等。后续阶段则是专家制定修缮改造导则，根据居民意见修改导则，对改造所需费用预估，以便居民决策，然后建立长期管理部门以便对实施环节进行监督和维护。

对北京历史街区的参与渠道进行了调研分析，结果如图5-28所示，居民比较熟悉的参与渠道主要集中于前期意见征询阶段，如入户访谈、问卷调查、民意征询会和网站征集意见等渠道，而基本不了解决策和建议讨论阶段的居民代表会议和三方讨论小组，对于后期反馈和实施阶段的了解最少。从中也可以看出历史街区的社区参与渠道并没有达到顺畅地表达居民意见的作用，不利于构建完善的社区参与制度。

---

1 宋庆华等. 沟通与协商——促进城市社区建设公共参与的六种方法[M]. 北京：中国社会出版社，2012.

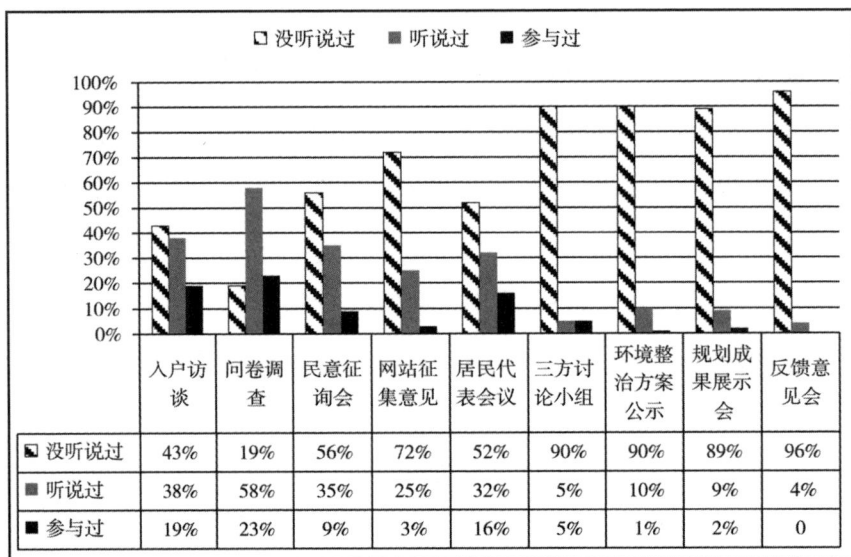

	入户访谈	问卷调查	民意征询会	网站征集意见	居民代表会议	三方讨论小组	环境整治方案公示	规划成果展示会	反馈意见会
▨ 没听说过	43%	19%	56%	72%	52%	90%	90%	89%	96%
▦ 听说过	38%	58%	35%	25%	32%	5%	10%	9%	4%
■ 参与过	19%	23%	9%	3%	16%	5%	1%	2%	0

注：三方讨论小组是指由居民代表、规划师、政府人员组成的讨论小组。

图5-28　居民对于参与渠道的评价

5.4　影响因素归纳总结

　　为提出北京历史街区整治中社区参与影响因素理论假设，对形成社区参与行动的三个条件的影响因素进行归纳总结。得出了整治内容、居民的参与意识和阻碍社区居民达成一致性利益诉求的产权混杂问题是理性选择方面的三个影响因素。原因是：（1）整治内容是否符合居民意愿是其参与社区治理的前提，因此居民的生活改善需求是其社区参与的动力。（2）居民是否具备良好的参与意识十分重要，参与意识可以分为两部分，一部分的意识是否有"当家做主"的意识，另一部分是识别整治内容是否关乎社区利益的能力，这两部分意识的缺乏均对居民的参与意愿造成负面影响。（3）产权关系混乱对于历史街区社区居民达成共同利益诉求有负面影响。

其次研究了影响社区认同的因素，根据城市生态学的研究，结合实地问卷访谈，将影响社区认同的因素分两方面来进行研究：（1）居民个体性的因素，包括个体社会属性和个体对社区的评价和社区交往，其中个体社会属性包括性别、年龄、户籍、收入水平、学历、供职单位类型和居住年限。从中得出的研究结论为个体属性通过社区交往变量间接影响社区认同。对社区交往因素的研究中得出严重限制社区交往活动的三个因素，即对房屋产权争议问题和"单位制"社区模式遗留的社区隔离问题和外来人口的影响。（2）社区性因素，包括居住密度和旅游开发两个方面，可以得出过高的居住密度和过热的旅游开发均对社区认同有不利影响。

第三方面是制度供给方面，借鉴第三章得出的国内外成功的社区参与实践的经验，分析影响制度供给的因素，包括三个方面，即政府的政策态度、社区组织及第三方组织的发展状况和参与渠道畅通与否。（1）政府的支持是社区参与模式在整治中得以推广的前提条件。（2）社区组织的良好运行能起到协调多方利益的作用，被国际成功经验证明是参与式治理模式的重要一环。（3）参与渠道是否畅通关乎居民意见能否顺利得到表达，且不能仅仅满足于参与过程中某一阶段的渠道是顺畅的，而且应该包含从前期调研到中期决策再到后期反馈的全部流程。

从理性选择、社区认同和制度供给三方面归纳总结影响因素，包括以下几个方面：①整治内容是否符合居民意愿；②居民参与社区整治的意识；③限制社区参与的产权混杂问题；④产权纠纷问题；⑤居住隔离问题；⑥外来人口的影响；⑦社区性因素中的居住密度过高问题；⑧社区性因素中的旅游开发是否适度问题；⑨政府支持是否支持；⑩社区和社会组织的发展；⑪参与渠道是否顺畅（图5-29）。在这些因素中，第三因素中的产权混杂问题和第五个因素中的产权纠纷可以归为产权问题，产权问题的影响更多地倾向于利益性，因

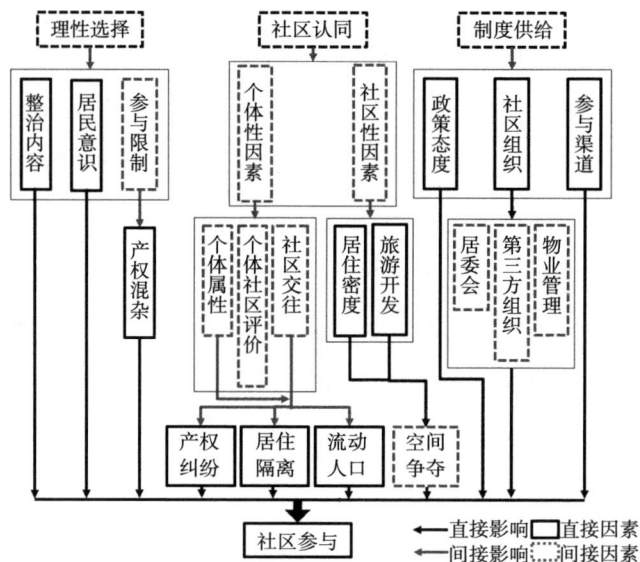

图5-29　社区参与影响因素关系图
资料来源：作者自绘

而将其归入理性选择因素方面。根据以上归纳调整后的影响因素集包括：①整治内容；②居民意识；③产权问题；④居住隔离；⑤外来人口；⑥居住密度；⑦旅游开发；⑧政府是否支持；⑨社区和社会组织；⑩参与渠道。

5.5　本章小结

　　总结以上调查和分析的结果，关于社区参与影响因素的研究结论总结如下。

　　影响居民参与社区事务的理性选择方面的因素有整治内容、居民意识和产权问题三方面，整治内容是否符合居民利益是社区居民参与社区治理的"结构性动力"，而且当居民意识到自身在社区环境治理中应该扮演主要角色时，社区参与模式才能得以推行。因此参与意识对社区参与也有重要影响。产权混杂问题不仅阻滞了对历史街区内的房屋进行投资和日常维护，而且使得产权不同的居民难以达成一致的整治利益诉求。

影响居民参与社区整治的情感性动力的因素主要有居住隔离、外来人口、居住密度和旅游开发。调研数据表明居民对于社区认同感的提高有赖于长期稳定的社区交往，进一步研究发现产权纠纷问题、居住隔离、当地与外来人口的交往隔离对社区交往具有消极作用。历史街区的社区性因素中居住密度和旅游开发程度对社区认同具有重要影响，居住密度太高会构成居民对有限社区资源的争夺关系，所以居住密度太高对社区交往不利，从而不利于促成社区参与。而一些历史街区的旅游开发对于社区居民的日常生活造成了很大困扰，适度的旅游开发对于提高居民收入具有帮助，但过热的旅游开发对于社区认同具有负面影响。

制度供给方面的影响因素主要有政府支持、社区组织和参与渠道。在我国目前的"强行政，弱社区"的社会背景下，政府对于社区的参与型整治活动具有较大的话语权，且国内外的社区参与发展历程表明，政府的政策转变对社区参与的发展有着较强的影响。专业的社区组织和第三方组织是居民参与社区整治的可靠力量，也是多方利益协调的平台，在社区参与过程中起承上启下的作用，而参与渠道则在社区参与的不同阶段发挥着居民意愿和意见的载体作用，参与渠道是否顺畅将影响社区参与的有效性和长效性。

第 **6** 章 影响因素实证

本章主要是对前文提出的影响因素进行各类型的参与式整治试点的实证检验。根据前文得出的社区参与型人居环境整治试点的三种类型，分别选取一个典型案例对前章得出的影响因素进行实际的验证，检验其是否社区参与整治产生了影响以及具体的影响是什么。

6.1 街区保护规划创新型

6.1.1 新太仓小菊社区规划编制公众参与试点背景

新太仓历史文化保护区是北京市第三批旧城历史文化保护区之一，2011年新太仓历史文化保护区被选为"历史文化名城保护规划公众参与平台"试点。建立了整合北京市规划委员会详规处、东城规划分局、北京市规划设计院城市所和北新桥街道办事处三方的联席会议。

本次公众参与试点尝试建立保护规划编制的"公众参与规划与反馈机制"，让社区、其他社会组织有参与、讨论和反馈城市规划的渠道，有助于规划制定更加顺应民意。在此次公众参与平台的基础上，选取了新太仓历史文化保护区内的小菊社区、板桥社区、九道弯社区作为社区规划试点社区进行更深入的工作。

小菊社区位于新太仓历史文化保护区东北部，面积约14hm²，包括两条大街（东内大街150号至208号以及东内南小街1号至乙37号）、五条胡同（小菊胡同、大菊胡同、北沟沿胡同、新太仓胡同一巷、新太仓胡同二巷），共有楼房有2栋，平房院有245个，辖区内有单位4个。社区内人口稠密，居民改善居住环境的意愿强烈，北京规划院和小菊社区共同制定了通过人口疏解带动历史街区整治的工作重点，并以此为核心进行了详细的入户访谈，开展社区详细规划编制工作（图6-1）。

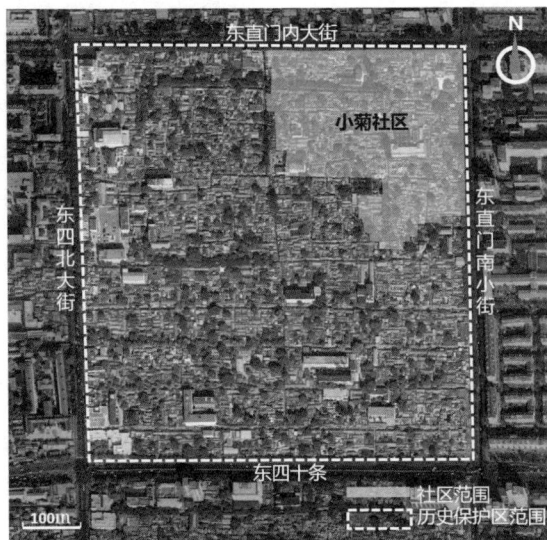

图6-1　新太仓历史文化保护区范围及调研社区范围
资料来源：基于百度地图制成（2016）

6.1.2　理性选择因素的影响

（1）整治内容

本次试点的前期，规划师与当地居民进行了详细的入户访谈，对每户的房屋信息、建筑风貌评价和整治需求进行了记录（图6-2），提出将社区规划和历史保护规划相结合的方法，对于目前小菊社区亟待解决的人口稠密、人均居住面积问题提出了分类引导、渐进疏解的策略，同时注重原有胡同社区居民网络的保护，提出充分研究原住民的生活方式和公共服务设施使用习惯，保持社区社会结构的稳定性，避免疏解造成原有社会文脉的断裂。本次规划前期提出的疏解人口，发展社区公共服务的整治内容符合居民的整治诉求，这使得规划师在入户访谈时得到居民的积极配合和参与，对社区参与编制产生了积极影响。

（2）居民意识

从访谈中得知，小菊社区居民认为编制保护规划是政府的事情，和自己无关，其他类似的整治活动如历史街区环境整治和市政设施提升工程都是政府行为，与自己的关系不大，而

图6-2　小菊胡同风貌评估
资料来源：根据《东城区小菊社区详细规划》制成

且在缺乏社区共同的组织协调的情况下，规划师只是在入户访谈时与居民交换了意见，没有在社区居民会议上达成一致诉求。

在访谈中了解到，居民对于其他方面的整治活动不感兴趣，因为他们认为其他方面的整治活动应该是政府管的事，大部分居民认为，市政道路等基础设施整治太专业，居民的建议没用，而且经费都是政府出，街道环境整治中居民有建议有想法，但是想法太多就众口难调，难以推进工程，关于保护规划以前听说过，但关于具体情况并不了解，应向居委会咨询。

可见，居民对于社区规划编制的认识程度较低，造成居民的参与积极性不强，从而导致规划编制实际上仍然由规划师和政府的价值观主导。

（3）产权关系

小菊社区规划在前期调研阶段，对院落中的不同房屋产权人进行了外迁和保留的意向调查，私房户有960人，大多数希望留在旧城中。公房中的住户，也是居住环境较为恶劣的居民，希望留在旧城中的有30%-40%，如果要满足

外迁公房户的需求，则需要向市场筹
措资金，并把计划外迁的公房户的房
屋部分销售给开发商以平衡疏解人口
的资金，这样的产权整理策略符合渐
进更新的方向，也符合不同居民的意
愿，房屋产权的私有化有益于减轻政
府的修缮房屋的压力（图6-3）。

　　但是在实施阶段，公房院落内由
于私房房主和公房房主对于补偿利益
分配争议较大，往往使得投资者难以
拿到完整的院落，造成疏解人口的资
金链断裂而最终使得疏解人口方案难

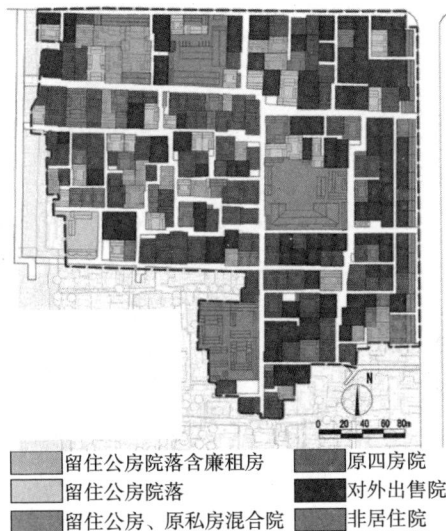

留住公房院落含廉租房　　　　原四房院
留住公房院落　　　　　　　　对外出售院
留住公房、原私房混合院　　　非居住院

图6-3　小菊社区迁留院落规划
资料来源：《东城区小菊社区详细规划》

以完成。访谈过程了解到大多数的同一院落中的私房产权人和经租房产权人、
文革产的产权人关系不睦，主要矛盾在于在疏解人口的过程中，对于经租房产
权人和私房产权人的补偿分配问题，经租房产权人认为补偿所得应该全部归自
己，而私房产权人认为房屋的产权在"文革"前是自己私产，经租房产权人在
获得补偿后腾退出来的房屋产权根据政府规定房屋产权收归国有，也理应得到
补偿。围绕利益的争议，两类产权人经常发生纠纷，使得整体社区的居民认同
感受到很大影响，同时还阻碍了房屋得到投资和修缮。

6.1.3　社区认同因素的影响

（1）居住隔离

　　在对小菊社区居民进行访谈时得知，社区内国家机关单位较少，其中一处
为办公楼，一处为宿舍楼，一处为中学，另外一处为单位代管居住建筑，国家

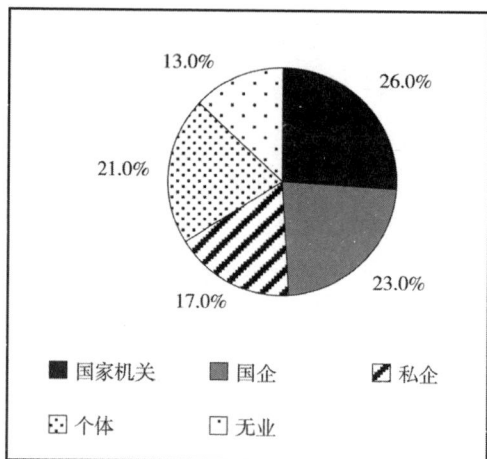

图6-4　参与过整治意愿调查的居民的单位构成

机关单位工作或者退休的的居民较少，公房院落中居住的社会弱势群体较多。从小菊社区规划编制参与的居民的构成图中可以看出（图6-4），国家机关工作或者退休人员参与的比例为26%，无业和个体群体分别占13%和21%，从中可以看出，参与规划讨论的各居民群体的构成比较均衡，弱势群体的意愿得到了表达。

　　据访谈小菊社区居委会工作人员回忆，当时北规院的人员进入每个院落进行了详细的调查，并向房管所采集了GIS数据，规划结果较客观地反映了社区的实际情况，但是国家机关等较高职位的居民确实和一些低收入人群没有往来，除去一些必要的购物行为和交往，两者基本没有交集。访谈中得知在组织社区公共会议时，弱势群体一般参加不了，因为居委会在通知会议的时候会挑选自己想让参与的居民参加，这么做的原因是便于会议组织，但实际上这样的行为造成弱势居民的意见难以在公开场合得到表达。

　　从以上访谈内容中可以看出，小菊社区中社会地位较高的居民和弱势群体之间确实存在交往隔离的情况，但是由于规划编制采用了入户访谈的参与形式，并没有造成弱势群体的意见得不到表达，但是社区参与并不是一个单一的意见征询，而是一个多方协商共赢的过程，所以要考察居住隔离是否对社区参与造成影响，就要看社区协商阶段的弱势群体的意见是否受到重视，然而小菊社区仅有的几次社区公共讨论活动中缺少弱势群体的出席，因而社区隔离对本次参与式整治形成了负面影响。

（2）流动人口

小菊社区外来流动人口较多，多以从事服务型行业的劳动人口为主，这部分人群的居住环境较差，租金与城市其他区域的楼房相比相对较低，但是由于管理的不规范，导致原先本就狭小的空间被隔断成更小的空间，居住了更多的租户，因此房主能够从中获得客观的租金收入，这样的现象抬高了公房户对拆迁和向外疏解时的补偿的心理预期，不利于人口疏解工作的进行。且流动人口与本地居民存在一定的交往隔离，同一院落中的本地人和租户之间常常因生活习惯、思维方式的差异而发生争执，使良好的社区秩序受到破坏，社区认同感降低。

（3）居住密度

小菊社区的居住密度较高，据北新桥街道介绍，小菊社区目前常住人口为4500多人，流动人口因违规出租隔断房的原因没有官方统计数字，据居委会介绍有出租屋的公房院落中大概有一半以上都是租户，社区面积为10.4hm²，粗略估计居住密度为每人10m²，属于相当拥挤的程度，本地人较少，人户分离的情况比较严重，大多数城里有其他房子的居民都会搬到外边居住，这种情况造成旧城历史街区的人居环境恶化加剧。且过高的居住密度使得租户的部分生活需求在房屋内无法解决，只能侵占院落中的公共空间，如乱堆放垃圾、大件废弃家具堆放等，使得"大杂院"的环境更加恶化，不利整治。

（4）旅游开发

小菊社区范围内基本没有形成成规模的商业性开发和旅游资源开发，维持了较为单纯的居住职能，社区内存在一些为居民基本生活服务的小型商业，在小菊社区北侧和东侧外围城市道路两侧，形成风貌保持较好的特色饮食街，传承了老北京的饮食文化。这种适度的旅游型餐饮的开发维持了胡同安静和谐的生活氛围，且为低收入人口提供了一定的就业机会，对建立稳定健康的社区人口结构具有积极的作用。

6.1.4 制度供给因素的影响

（1）政府支持

北京历史文化保护区规划中确立了整体疏解41%的人口的目标，此次试点设立的初衷也是为了探索旧城历史文化保护区疏解人口的创新举措，因此本次规划编制始终围绕着疏解人口的政府目标而进行。

本试点规划得到了东城规划分局、北京市规划委员会详规处和北新桥街道办事处的支持，使得政府部门之间的衔接工作得以顺利开展，建立了新太仓联席会议制度，为各社区之间协调利益和划分工作领域提供了讨论平台，使得之后的各项工作才能顺利开展。首先，规划院工作人员需要街道办事处开具的证明文件才可以开始入户访谈，这样比较利于取得居民的信任；其次，能够统一协调政府各部门开展工作，房管局提供了小菊社区详尽的房屋产权图，为规划院测算出合理的人口疏解方案夯实了基础。得益于政府的支持，北京市规划院城市设计处的各项工作才能得以落位。从以上两个方面可以看出，政府不仅主导了规划编制的目标导向，而且在具体工作中也给予了多方面的关键性帮助，使得本次规划创新试点得以顺利推动。

（2）社区及社会组织

小菊社区规划创新试点的顺利开展离不开居委会的密切配合，作为社区组织代表参加了本次规划编制的前期各项工作会议，在组织居民参与会议方面发挥了较好的宣传作用。在居委会的领导下，小菊社区设立了多个社团组织，社区志愿者注册人数200人，有志愿者队伍5支，分别是党员志愿者服务队、巾帼志愿者服务队、助老志愿者服务队、低保志愿者服务队、治保志愿者服务队，之前良好的工作基础使得居委会取得了居民的信任，为规划编制创新建立了基础。

在新太仓历史文化保护区规划编制的协商平台搭建过程中，作为第三方组织的北京东城区社区参与行动服务中心发挥了桥梁作用，帮助居委会尝试开展了"征求地区发展建议"公众参与讨论会，整合了不同利益主体的诉求和愿望，深入访谈居民，有效推动了利益相关方的互动协作。

（3）参与渠道

整个保护区层面建立了领导小组联席会和执行团队联席会的参与渠道，但是社区居民并不能在此会议上充分发表意见，此层面的公众参与仍然是政府各部分和专家学者及居委会的决策平台。社区层面的参与渠道主要是社区研讨会，小菊社区以"历史风貌保护""社区发展""产业发展"作为议题，召开"征求地区发展建议"的公众参与讨论会，并建立"旧城保护与社区发展"的社区试点会议制度。

具体的参与渠道包括前期意见征询阶段的社区座谈会，第二阶段的"征求地区发展建议"的公众参与研讨会，与会者为当地企业代表、政府代表、居民代表和专家学者，由社区参与行动服务中心组织，第三阶段为领导小组联席会议和执行团队联席会，主要是政府代表参与，无居民代表参加。第四阶段为小菊社区居民讨论会。第五阶段为街道办为主的项目实施。可以看出去，这五个阶段的参与渠道中，居民只能参与到第四阶段社区试点阶段，前期参与渠道不通畅，而且第四阶段的居民参与形式，也仅仅是入户访谈，没有社区级别的会议来达成社区共识。

新太仓试点基本建立起居民与政府的对话平台，但也存在很多问题，访谈当地居民表示，"我们都很愿意参加这些会议，因为这有关于我们将来去哪儿居住的问题，但是在访谈时建议也提过，房屋状况也记录过，最终出来的结果好像也没有反映出来"。居委会工作的大妈介绍说，"这个试点涉及多个居委会，协调起来难度比较大，时间也不够，工作很难做下去"。

可见，小菊社区参与式规划试点中，前期的参与渠道不畅，中期的参与渠道没有将居民组织起来，访谈时面对的都是居民个体，没有达成社区共识，导致后期实施时面临个体诉求难以调和，最终使疏解人口的目标无法完成（图6–5）。

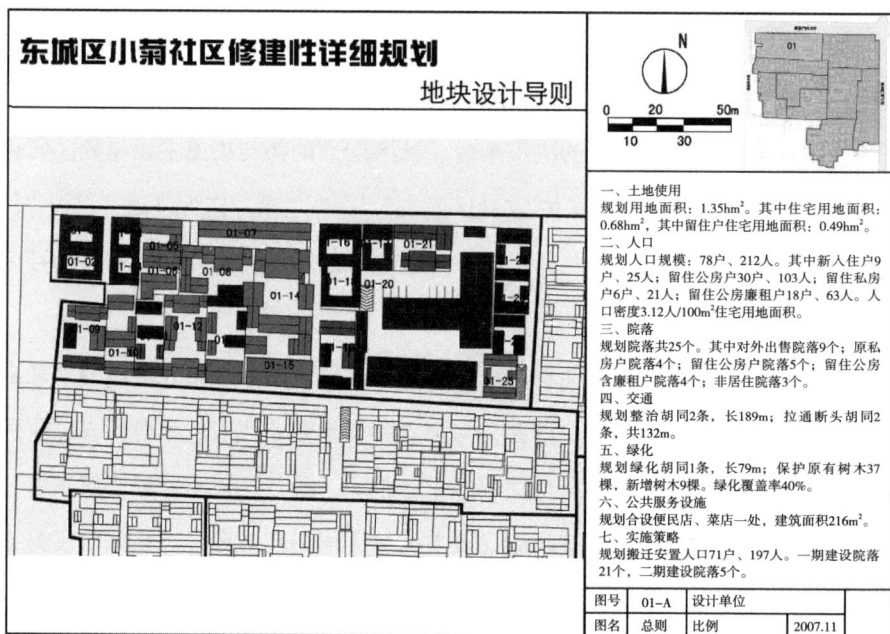

图6-5　小菊社区规划编制成果
资料来源：《东城区小菊社区修建性详细规划》

6.1.5　效果评价

在访谈中了解到当时的参与各方对于这次试点的评价不高，主要有五方面，一方面是形式大于内容，没有解决实际问题。第二方面是范围较大，涉及居民数量和房屋数量较多，工作难以做实最细。第三方面是受项目开展时间限制，开展不够深入，第四方面是缺乏长效机制，一开始区政府、街道办给予了相当的重视，但是随着工作的进行，疏解人口压力逐步加大，人员的积极性降低，没有设立长效机制来推动后续工作，第五方面是在整个决策过程中，只有对居民征集意见，没有反馈，缺少双向沟通，也一定程度上降低了政府的公信力，百姓看不到实际问题的解决成效，缺少参与的动力，参与式整治的效果大打折扣。

从以上评价可以看出，规划编制环节和实施环节存在脱节现象，表现为在规划编制阶段居民与规划师讨论形成的共识在面临实际的实施环节往往发生变化，规划服务缺乏"在地性"。在编制阶段，规划师面对的都是居民个体，而社区自身没有形成共识，也没有以规范化的形式固定下来，缺乏过程式的规划服务，所以在实施环节规划被个体的反规划行为肢解。

6.2 街巷业态更新活化型

6.2.1 杨梅竹斜街复兴规划试点项目背景

杨梅竹斜街位于北京旧城大栅栏历史文化保护区内，经过几个朝代的改扩建，大栅栏形成了以居住型胡同和商业型斜街为骨干的街巷结构；在民国时期的建设中，又融入了近代商业建筑。当时的杨梅竹斜街内聚集了一批老字号店铺，如六必居、狗不理、都一处、内联升、盛锡福、瑞蚨祥、步瀛斋、东来顺等，正是杨梅竹斜街浓厚的市井文化吸引了众多书局、会馆也汇聚于此。清乾隆东阁大学士梁诗正、文学家鲁迅、作家沈从文等名人志士都曾在这里留下过足迹（图6-6）。

大栅栏作为北京老城区内保留相对完整的历史文化街区之一，同样面临着种种保护、整治与复兴的难题。如人口密度高、市政环卫设施不完善、整体风貌逐步丢失、产业结构有待调整，没有合理模式让原居民参与改造，缺乏整体策划平衡社区发展与历史风貌保护，社区生活、社会与经济环境持续恶化。而

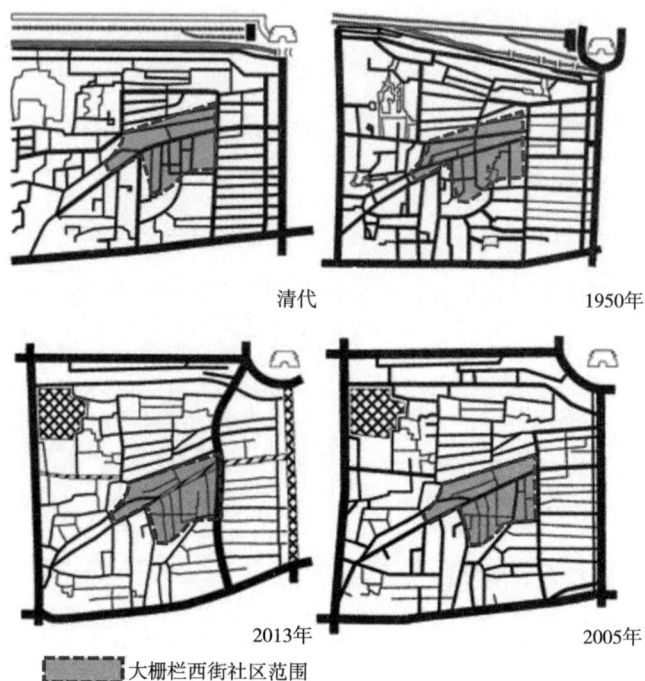

清代 1950年

2013年 2005年

▨▨▨▨ 大栅栏西街社区范围

图6-6 大栅栏街巷肌理变迁
资料来源：根据大栅栏网站图片制成：http://www.dashilar.org/#

改善民生、风貌保护、城市可持续发展之间的矛盾在长时间内相持不下，难以取得平衡。

2012年，在西城区政府和北京市规划委员会的大力推动下，大栅栏历史文化街区作为试点开展了更新计划，8.8hm²的街区被列为改造的范围，成立了以大栅栏投资公司为运营主体，大栅栏跨界中心为平台的多方参与平台，探索城市策划式更新模式，其中杨梅竹斜街被列为第一阶段的试点街巷，此次试点采用防止大规模开发式改造，保护街巷骨架的整治原则，采用"自愿式腾退"的方式疏解人口，保留定居意识较强的"原住民"，腾退出的房屋将引入创意文化项目或规划成公共空间，形成别具一格的文化创意产业街。

6.2.2 理性选择因素的影响

（1）整治内容

杨梅竹斜街确立了以业态更新为抓手的更新策略，以期引入文化创新产业提高社区自身环境整治的能力。一方面，与居民共建，"大投"公司运用资本金注入模式先改造基础设施，提升公共空间环境，然后与居民共同承担修缮费用，居民只需负担较少一部分资金就可以拿到大部分修缮补贴；另一方面，运用国际设计周和市场化渠道吸引关注历史街区发展的专家、公民等社会团体参与修缮建筑方案设计和活动策划，非常重视传统文化的传承和挖掘，将之与现代文创产业相结合，树立起独特的城市空间形象[1]。

如图6-7，主街两侧原先均匀分布着棋牌室、小超市、理发、旅游小商品

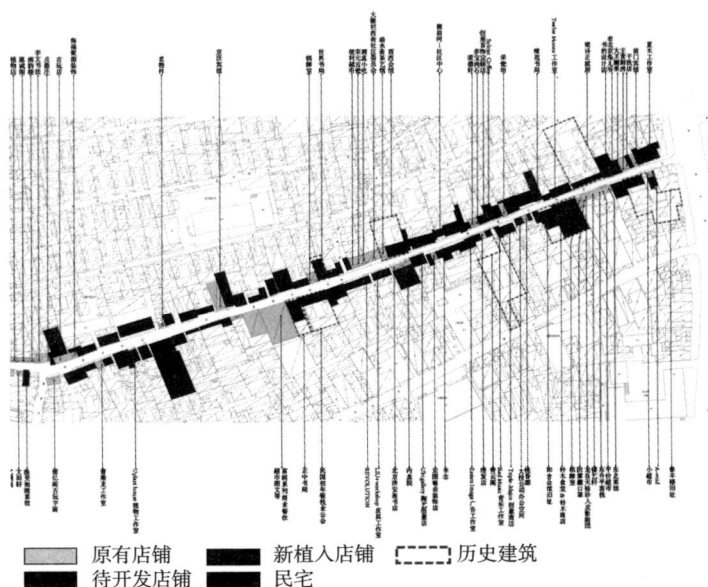

图6-7 杨梅竹斜街店铺新产业植入图
资料来源：http://www.dashilar.org/#

1　陈珊珊.增进北京历史文化保护区活力的方式探索[D].清华大学，2006.

和文化用品等功能的店铺,具有社区服务功能的店铺约占一半,其余店铺主要为古玩店铺和装裱字画店铺。更新计划并没有对杨梅竹斜街原有的商业生态进行过大变更,而是将自愿腾退后的院落引入新型文创产业,并与北京国家设计周的宣传活动相结合,激活杨梅竹斜街的活力。以上大栅栏更新计划中整治的内容完全采取了与居民达成共识后的成果,所以符合居民的整治意愿,因此社区居民给予了较大的支持和配合。

(2)居民意识

杨梅竹斜街居民对于整治的参与意识较高,主要表现为腾退后留下来的居民积极参与建筑外观风貌整治工作(图6-8),杨梅竹斜街所在的大栅栏西街社区中的1700余户居民中,已有3成的居民自愿腾退,剩下7成的居民,在跨界中心等机构的努力下,参与到立面修缮活动

图6-8 居民参与立面修缮方案讨论
资料来源:大栅栏投资公司

中。访谈中得知,自愿参与立面修缮的居民多为私房户,这部分居民具有保护祖先遗产和传统文化的意识,因此参与意识较高,由此可知,较好的居民参与意识对于参与式整治具有积极的作用。

(3)产权关系

杨梅竹斜街保护修缮核心区内的产权关系相对单纯,主要为国有单位公房和私有房产,这部分房屋因其历史保护价值较高,又属国有产权,建筑保存较好。产权相对清晰有助于历史街区内的房屋通过合理的产权变更而实现房屋修缮责任的明晰,也有助于符合风貌保护的投资进入(图6-9)。

在旧城整治过程中,建筑与产业在更新的同时,产权的不明晰给整治工程带

图6-9 大栅栏西街社区房屋产权分布
资料来源：http://www.dashilar.org/#

来很多困难，大栅栏投资公司在进行个别小型房屋更新整治时，必须要经过房产证、土地证变更和房屋规划建设等环节的审批，这中间每一步流程都需要协调产权争议双方或者多方的利益，拉长了整个产业更新的周期，如果能先梳理好产权关系，会少很多限制[1]。产权关系的明晰，同时也有助于杨梅竹斜街内的居民建立起比较完整的交往网络，形成和谐人居的氛围，有助于建立社区对于历史名街的价值认同，从而实现居民自愿维护传统建筑和风貌，振兴传统商业街。

6.2.3 社区认同因素的影响

（1）居住隔离

在杨梅竹斜街核心修缮试点范围内的居民数量较少，且居民的社会属性比较

---

1 李艾桦. 北京杨梅竹斜街城市更新案例研究[D]. 北京建筑大学，2015.

均质，不存在居住隔离现象，但是杨梅竹斜街的更新包含了社区共建的内容，在采访"大投"公司副总经理贾蓉时了解到，我们会不定期组织社区与杨梅竹斜街上的店主进行社区公益活动，以提升社区居民的认同感，更好地带动社区其他地区实现更新整治，但是在组织这些活动时，发现确实存在一些弱势群体，主要是老年人及生活拮据的家庭，他们对于社区的公共活动参与度较低，一方面是因为这部分群体本身的社交能力较低，另一方面是他们缺乏社区认同感，他们更想直接从改造中获取直接的利益，因此，社区隔离不利于大栅栏的社区共建。

（2）流动人口

杨梅竹斜街上基本没有流动人口居住，主要为商业功能，但是大栅栏西街社区范围内其他地区外来租户相对较多，最近几年随着"大投"公司的入驻，历史街区的地价开始提升，房屋租金上涨使一部分流动人口向租金更低的地方迁移，流动人口聚居的现象得到了好转，但通过对未加入改造的原居民访谈得知，流动人口的租金仍然是他们很重要的一项收入，他们不参与改造的原因也是出租所得的租金比改造后获得租金多，参与改造比起出租，在经济上不具有竞争性。可见，流动人口对于居民参与改造造成了不利的影响。

（3）居住密度

大栅栏西街社区居住密度较高，从图6-10中可以看出，整个大栅栏西街社区的居住密度建筑密度以人均居住面积5~10m^{2}为主，甚至少部分房屋居住环境十分拥挤，人均居住面积小于5m^2。据访谈得知，居住密度较高使得居民对于社区的评价较低，社区内的院落不同程度的存在人户分离的情况，居民搬离的意愿强烈，无心参与社区公共活动，从而导致大栅栏跨界中心的社区共建活动难以开展。

（4）旅游开发

在"大投"公司介入整治改造前的时期，大栅栏的以低端旅游业为主，国

图6-10　大栅栏西街社区居住密度分布
资料来源：http://www.dashilar.org/#

内游客来大栅栏仅仅是为了感受这里昔日繁华的商业历史，直到现在这个市场
也充斥着一些毫无地方特色的、粗制滥造的、低劣的廉价旅游纪念品，但是这
些主营低质廉价的店铺可以提供较高的租金收入，带来的消极影响是大栅栏整
体商业生态的低端和恶劣，这也是大栅栏跨界中心对于杨梅竹斜街产业更新的
出发点，即通过重塑大栅栏形象、持续的城市策展和社区共建三个阶段的策划
推动大栅栏整体实现人居环境软性更新。因此"大投"公司对于改造后的房屋
的新业态具有准入要求，营业范围需要体现创新和文化，但是据访谈了解到，
改造后的新业态所能提供的租金往往比之前的低端旅游业要少，使得部分居民
不愿意参与"大投"公司的改造。从中可以得出，居民对于旅游开发的态度不
仅仅取决于旅游业和商业的发展是否影响了其正常生活，也取决于旅游开发是
否能给居民带来利益。因此，旅游开发对社区参与的影响也取决于是否设立了

居民共享旅游业发展的机制。

6.2.4 制度供给因素的影响

（1）政府支持

2009年北京市西城区政府首次提出要探索历史文化保护区发展的新模式，并逐渐形成由政府主导、市场化运作、社会多元主体共同参与的大栅栏有机更新计划，并成立了大栅栏投资公司及大栅栏跨界中心。之后的2011年通过北京西城区政府和北京规划委员会的努力，杨梅竹斜街被列为全市探索历史文化街区保护修缮新模式的试点。可见政府主动推动才使杨梅竹斜街修缮试点得以施行。

更新计划中的资金同样依赖政府的支撑（图6-11），"大投"公司最初是由北京东西城合并前的宣武区政府筹措建立，结合了政府管理资金和金融机构的资金，先期用于居民腾退、空间修缮和基础设施升级，后期通过个人、企业、基金会、改造后房屋的租金以及社会各界的资金回流，形成资金循环利用。这种投资模式的最初启动资金由政府财政支持，形成示范效应和激发更新活力之后，再吸引社区和市场投资加入更新计划，使可持续更新整治形成良性循环。

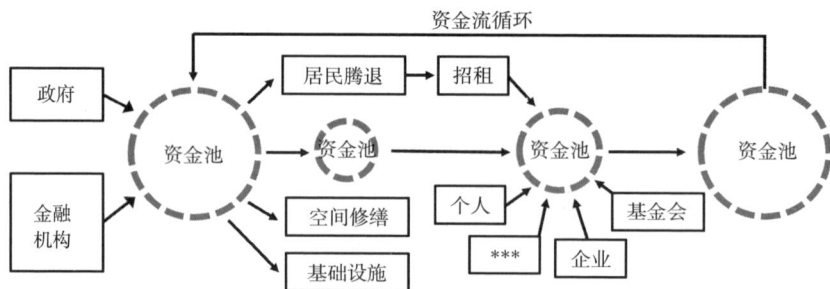

图6-11 大栅栏更新计划资金流循环
资料来源：根据2016年国际设计周"大栅栏更新计划"展整理

因此，政府的政策支持和资金支持对于杨梅竹斜街的整治更新产生了积极作用。

（2）社区及社会组织组织

在整治更新过程中，大栅栏西街社区居委会对居民们进行了项目启动的说明工作，为了配合跨界工作室的工作，打破居民不信任的僵局，从"给居民的一封信"开始，联合跨界工作室进行了多种宣传讲解活动，然后在计划实施阶段配合设计师等进行问卷调查、举行居民说明会、在地文化发掘活动等。因为居民只接受居委会工作人员的入户调查，所以在设计师或跨界中心的工作人员想入户访谈居民时，必须要有居委会工作人员到场，而且居委会还起着将专业语言转换为通俗性语言的工作。居委会的努力促进了居民参与到试点更新中，同时还让居民尽可能地理解整治计划过程与目的。但是因为目前居委会的人员编制受整个政府的人事计划限制，居委会的工作人员较所服务的社区群体而言太少，没办法做到全覆盖。

杨梅竹斜街更新整治中的第三方公益组织是清华大学社会学系的社区营造社，他们先作为一个学术机构深度参与了对大栅栏社区的居民访谈，并做出了社会学研究与社会干预两个方面的努力，在社会学研究方面：进行历史故事挖掘、社区网络、传统文化传承、政府与社会组织的关系等方面进行深入研究，在社会干预方面，提出打造老北京手工艺园区、发展与传承北京文化等策略建议，其后的大栅栏领航员、大栅栏新街景等社区共建项目的实施策略都是营造社提出的。除此之外，营造社后期还注册了一个社团组织，担任起了部分NGO（Non-Governmental Organization）的作用（图6-12）。

由于以往的旧城更新造成的不良影响，大栅栏地区中的居民对于"大投"公司甚至是政府存在不信任的心理，且外来引入的创新文化与本地居民的思维习惯之间仍存在较大差别，这两方面限制均不利于社区共建行动的开展。清华大学社会学系的团队作为调和剂成为"大投"公司、政府与居民之间的沟通桥

图6-12 大栅栏社区营建活动
资料来源：2016年国际设计周"大栅栏更新计划"展

梁，成功组织了多次社区活动。清华大学社会学系2014年初正式介入大栅栏地区更新，计划运用自身的资源和优势更多地投入到社区营造活动中，探索出具有中国特色的社区营造方式。由此可见，大栅栏西街社区居委会和清华大学社区营造社对于社区参与产生了积极的影响。

（3）参与渠道

杨梅竹斜街整治试点从四个方面畅通参与渠道，构建了长效参与机制，居民在自愿协议疏解腾退、立面保护修缮和基础设施升级改造、产业引入和社区共建四个方面均有充分的参与（表6-1）。

据访谈了解，居民对于前三个阶段的参与较为积极，是因为前三个阶段的参与直接涉及居民的利益，且参与渠道都设立了长效机制，大栅栏跨界工作室有专人负责与居民的联系。但是第四阶段的参与内容是联合社区居民参与历史街区的文化重塑，面临着多方面的限制，如引入文化与当地社区思想观念不相适应，居民限于生活所迫难有精力和时间参与共建活动，目前这方面的参与渠道还在进一步探索中且没有形成长效的工作模式，目前只是临时性的组织，参与渠道仍相对匮乏。

杨梅竹斜街各阶段参与渠道　　　　　　　　　　表 6-1

参与阶段	参与渠道
疏解腾退	自愿腾退、入户民意调查、多渠道宣传、强化参与意识
立面修缮、基础设施升级	方案公示、意见征询、居民与设计师一对一方案协商
产业引入	大栅栏跨界工作室为咨询平台、以北京国际设计周的城市策展来带动产业植入
社区共建	自愿疏解外迁的居民给予补偿和定向安置 自愿留下来的居民以委托出租经营和资产入股的形式参与合作共建

资料来源: 作者根据大栅栏网站自制（http://www.dashilar.org/#）

6.2.5　效果评价

杨梅竹斜街街道的环境有了质的飞跃，建筑质量得到极大改观，经过设计的完整的标识系统提高了街区的空间识别度，提升了居民的生活设施水准，整体景观环境沉浸在在历史建筑的氛围中又不失现代的设计感，初步形成了富有特色的新旧共生的风貌特色和街区品牌。新业态的植入没有影响街区的生活氛围，自愿腾退的人口疏解方式保留了原住民的社会结构，使之没有出现激烈的社会结构变革，维持了原生社区的交往网络，同时引入新的文化产业和随之而来的新居民，使得社区焕发了新的活力。

社区参与方面，杨梅竹斜街的"自愿式腾退"与"多方参与共建"的方式赢得了广泛认可。文保与维权名人曾一智说，"杨梅竹的自愿式腾退形式很好，可以认可，应该推广"。但现在仍然存在诸多难题，访谈时了解到，商业街区的一系列社区共建活动进展顺利，但是对于一般居住院落的参与式改造还在前期试点阶段，究竟如何使居民在无产业引入的情况下实现自主改善人居环境，还在探讨阶段。

6.3 社区公共资源利用型

6.3.1 史家胡同整治及24号院再利用试点项目背景

史家胡同位于北京朝阳门街道史家社区，东起朝阳门南小街，西至东四南
大街，南与东、西罗圈胡同相通，北邻内务部街。面积0.14km²。社区设有市
民学校、老年活动站、青少年活动室，党员电教室、工会工作站，多功能活动
室，社区公共活动设施完善。史家胡同两侧的院落有多座是名人故居和文保单
位，其中的24号院是凌叔华的故居，当年陈衡恪、齐白石在这里组织过画会，
泰戈尔在檀香木片上画了莲叶和佛像，不仅人文保护价值较高，更由于保存完
好，其建筑风貌整体格局值得赏鉴，美中不足的是其局部存在结构问题和加建
问题（图6-13）。

图6-13　史家胡同卫星影像图及整治试点范围
资料来源：作者基于百度地图制成（2017）

在英国王储慈善基金会（中国）的资金赞助下，北京朝阳门街道、史家
社区居委会及查尔斯王子基金会合作开展了史家胡同EBD工作坊[1]，所谓EBD

1　史家胡同，复兴一条北京的历史街巷[M].查尔斯王子基金会编，2010.

工作坊是指一种通过充分征求建筑使用者和相关方建议，从而优化建筑设计及环境改造的工作模式。通过和朝阳门街道及史家社区讨论，决定了本次整治的内容包括对24号院落的再利用建筑方案设计及施工和史家胡同的街道设施设计。

6.3.2 理性选择因素的影响

（1）整治内容

经过与史家社区居委会的沟通，初步确定工作内容包括改造公房院落24号院，并为史家胡同设计街道及美化设施，以改善社区内的公共环境。开展了居民会议听取各方意见，第一次会议中居民提出了诸多问题，基金会都尽力帮助解决，并争取资金支持（表6-2）。

EBD 工作坊三次会议安排　　　　　　　　　　　　　　　表6-2

	会议主题	居民诉求	参与方
第一次会议	介绍工作目的和方式讨论环境整治的目的和方式	提出了厕所问题、停车问题、小学生上学安全问题、绿化问题	居民代表、居委会、基金会
第二次会议	集中讨论居民的诉求和要求并给出建议	总体同意基金会给出的建议	居民代表、居委会、基金会和央美参与设计人员、街道办
第三次会议	讨论停车和交通问题总结汇报、给出初步方案和建议	交通和停车问题搁置争议，进行24号院的建筑设计及街道设置的设计工作营	上述两次会议人员、史家小学、交通支队、城管部分、规划局等

资料来源：查尔斯王子基金会编.史家胡同，复兴一条北京的历史街巷 [Z].2010

在会议的讨论阶段，由于采用广泛征求居民意见的做法，居民参与的热情较高，查尔斯王子基金会充分考虑居民的意愿，提出了居民最需要整治的生活方面的设计对策。EBD工作坊提出的方案如表6-3。

EBD 工作坊提出的整治工作方针　　　　　　　　表 6-3

目标	设计内容	建议实施方
24 号院改造	修缮主体建筑，恢复历史风貌； 重新铺设路面； 拆除部分影响主体建筑的加建，增加居民休憩空间	基金会提供施工资金
胡同公共设施设计	完整设计公共设施； 增设休息座椅，建议交通管理部门限制胡同两侧停车； 设计延街绿化	基金会提供部分资金
胡同入口标志	设计历史上曾经存在的西侧牌楼	希望街道出资
设计适合大杂院的厕所	解决大杂院中的下水问题	希望街道或政府出资
学校安全和交通问题的解决	建议交通管理部门管制学校周围的交通状况	希望街道或政府出资，并与学校及交管部门合作解决

资料来源：查尔斯王子基金会编．史家胡同，复兴一条北京的历史街巷 [Z].2010

　　基金会与居民进行了细致的讨论，确定了要简单而有效的整理胡同空间的原则，增加胡同内公共设施的使用效率。具体内容包括取消过窄的人行道，空出来的空间设置停车位；增设座椅等城市家具；东侧入口被史家小学上下学接送的车辆堵塞，建议在史家胡同的西侧设立牌楼使之成为标志性的新入口，并建议修建一定的入口标志景观；改善一些有多余空间院子里的公厕设施，在24号院内增加老年人公共活动场所以满足老年人的活动需求。EBD工作坊提出的整合内容比较符合居民意愿，因此居民的参与热情较高，但是限于财力的限制，工作坊的工作止于24号院的施工和其他整治项的设计阶段，居民最开始的意愿并没有得到重视，且24号院最终的施工方案减少了居民公共使用的面积，博物馆的面积被扩大了很多，随着查尔斯王子基金会设计工作的结束，后续的整治项目没有继续开展，因此居民后来对此次整治活动的评价比开展时降低了，说明此次整治内容只涉及设计阶段，而没有从解决居民的实际需求出发，参与的成效大打折扣（图6-14）。

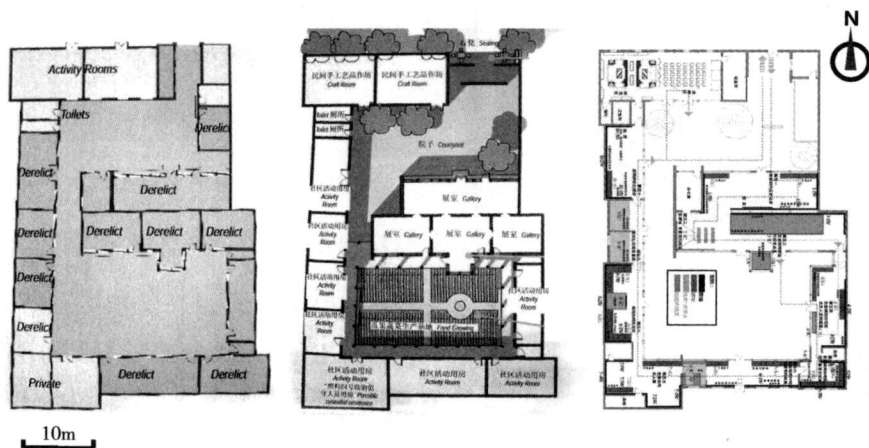

图6-14 24号院整治前（左）、设计方案（中）和整治后建筑平面布置（右）
资料来源：基于查尔斯王子子基金会提供资料自制

（2）居民意识

史家胡同居民对于整治的参与意识较高，主要表现为在讨论阶段居民的参与度很高，较多地关注到了公共环境的整治，甚至关注到了史家胡同的历史文化建设，一些居民提出了建设性的建议，提出在东侧入口已经被小学门前的混乱交通扰乱后，在西侧立一个礼仪性的牌坊作为入口标志。居民的参与意识对于本次环境整治起到了积极的作用。

在对史家社区居委会王阿姨访谈的过程中了解到，史家社区的居民基本上素质都比较高，有很多都是国家机关单位的工作人员，尤其是我们居委会经常联络的几十户居民，参加居委会组织的活动非常积极，对于社区的事务比较关心，他们往往比收入较低的经租户更加关心社区整体利益。

（3）产权关系

本次整治的24号院属于直管公房管理，且由于是历史保护院落，不涉及居民的产权问题。胡同环境的整治也不涉及产权问题。但是从参与过整治活

社区参与整治——北京历史街区社区参与人居环境整治影响因素研究

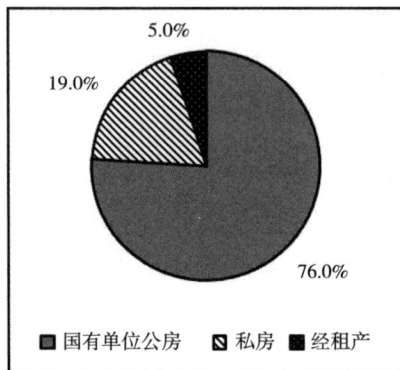

图6-15　参与过整治活动的居民的产权构成比例

动的居民的房屋产权构成中可以看出（图6-15），76%的居民为国有单位房屋产权人，私房产权人占19%，经租房产权人占5%，可以看出，参与整治活动的居民大多数是国家机关单位的工作人员。

在对居民进行访谈的过程中了解到，住在公房院落中的经租户对于胡同整治和24号院的利用不太关心，他们对待环境整治基本持漠视的态度，而且他们认为和社区内的私房所有人合不来，并认为即使他们参加会议，讨论的也基本上是国家机关工作人员内的需求，不会重视他们的声音，他们诉求是改善院落内的基础设施和房屋质量，而机关工作人员的住房质量较好，他们的诉求是多增加些公共活动空间和小学生上下学等安全问题。

可见，在史家社区中，因为产权的不同，使得社区中的一部分群体不愿意参与到社区整治的公共活动中，原因可能是社区居民因产权问题而产生了不同的整治诉求和不同的利益团体，并且私房产权人和公房产权人之间形成了相互对立的局面，造成的后果是参与人群结构不合理，不能代表整个社区的利益诉求。因此，产权关系不明对于EBD工作坊的整治活动产生了消极影响。

6.3.3　社区认同因素的影响

（1）居住隔离

据居委会介绍，史家社区内大部分居民属国家单位工作人员。社区中多的弱势群体一般也不愿意参与社区公共活动，两类人群的交流极少，基金会发起的本次整治活动只在前期调研阶段调查了弱势群体的意见，在后期居委会负责组织的居民代表会议中则很少有此类居民的参与，使得这部分居民关心的院落内厕所问题和下水问题没有被列入整治项目中。因此，史家社区中的居住隔离现象使得社区内的弱势群体的意见难以得到表达，社区参与进程受阻。

（2）流动人口

据2016年访谈时居委会提供的人口数据，社区辖区范围内共有楼房15栋，平房院落82个，社区常住人口总户数1201户，常住总人口3409人，单位自管房较多，外来流动人口100多人，在历史街区中属于流动人口非常少的社区。基金会发起的本次整治活动基本没有考虑流动人口的诉求，会议中参与者也没有流动人口的代表。访谈中发现，租房者对于社区环境的整治持漠视的态度，且认为居住环境的改善与自己无关，而与租金有关。这样的想法同样存在于本地居民中，他们认为租房者没有权利决定社区事务。

（3）居住密度

史家社区内存在较多的楼房，且此部分居民对于居住拥挤度是可以接受的，从本次整治中居民未提出扩大居住面积的要求，但是这不代表史家社区的总体水平，其他平房院落中的居住密度仍然比一般城市地区更高，如史家胡同5号院内的居住密度能达到一个人均居住面积5~6m²的程度。这样的居住密度使得历史街区社区的环境压力加大，居民外迁意愿强烈，公产院落中人户分离的现象十分普遍，最终导致居民难以形成渐进整治的共同目标。

从访谈中得知，居民自行维护和改造房屋一直是历史街区保持活力的主要形式，直到新中国成立之后几次大的人口迁入，户均住房面积较小，居民自行改造的行为所能带来的居住环境改善十分有限，且出于对拆迁的疑虑，更加减小了其自主改造修缮的积极性。

（4）旅游开发

史家社区的一些居民对自己胡同的文化内涵也很自豪，这条有名的胡同并

图6-16　史家胡同旗袍店门脸
资料来源：作者自摄（2016）

没有进行过度的旅游和商业性开发，保留了一些传统手工艺老字号店铺（图6-16）。

　　一位对史家胡同的历史颇为自豪的居民在会议上提出不仅要把24号院改成胡同博物馆，而且要把史家胡同整条胡同都作为一个活化的文物来看待，他对查尔斯王子基金会提出在胡同西口构筑一个牌坊，以宣示史家胡同曾经显耀的历史。

　　将历史建筑更新后作为博物馆同样能吸引外来游客，但是史家社区并没有把胡同博物馆作为旅游开发的触媒而大肆发展旅游业，随着24号院的对外开放和社区活动的开展，这项整治活动为社区带来的不是大量游客的干扰，而是当地胡同人居文化的继承和发扬（图6-17）。因此，适度的人文资源的利用对社区参与形成了积极的影响。

6.3.4　制度供给因素的影响

（1）政府支持

　　本次社区参与试点是在北京朝阳门街道的支持下进行的。一方面，朝阳门街道希望借助此次活动推动史家社区环境提升和社区发展；另一方面，对于24号院落的整治需要可观的投入，查尔斯王子基金会愿意提供资金有助于减轻政府财政压力。因此，朝阳门街道非常支持查尔斯王子基金会发起的本次活动，并积极组织相关各方参与，如第三次会议的参与方包括了交通管理支队、规划局和史家小学校方，这些分属不同管理部门的单位都需要街道一级的政府部门出面才可以动员。

图6-17　24号院整治后院内环境
资料来源：作者自摄（2017）

　　整治项目的后期，政府对于由政府出资对居民院落的厕所进行改善的建议虽然没有反对，但是也没有给予支持，使得后期改善厕所、竖立牌匾等整治措施都没有实施，停滞在设计阶段。从中可以看出，史家社区中改善居民生活质量的整治活动基本上依赖于政府财政支持，各部门的动员也依赖于上级政府，因此政府对于整治活动的支持与否对于社区参与具有重要作用。

　　（2）社区及社会组织组织

　　第三方组织英国王储慈善基金会运用社区发展模式的方法，利用史家社区24号院整治这一公共资源利用的契机，构建起居民与社区相关方的协商平台，以此来找出解决问题的办法。基金会成员扮演了倡导者和设计师的角色，以居民的需求以及社区整体发展要求为出发点，以挖掘社区文化为目标，完成了24号院的整治提升工程，成功地将其改造为胡同博物馆，通过博物馆的建成提高了史家胡同的知名度，也提高了社区居民的自豪感。在此项整治活动中，史家社区居委会充分发挥了基层管理的作用，扮演着动员居民参与和说明解释的角色，整个整治行动中充分体现了居委会在社区居民中的基础性联络作用（图6-18）。

（3）参与渠道

史家胡同整治中建立起了通畅的参与渠道，英国王储慈善基金会在前期的讨论环节中使用入户访谈的方法使得不同居民的意见得以表达，通过居民和设计师共同讨论提出的建筑方案有很大一部分是为了社区老年人做活动用的，但是在24号院改造整治的实施环节，却没有

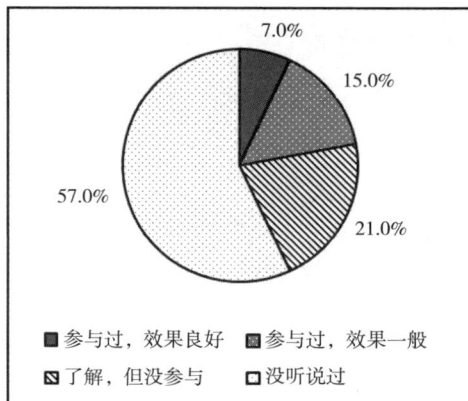

图6-18　居民对史家胡同整治的态度

及时向居民反馈信息，选择了直接修改研讨会得出来的结论，削减养老服务、社区活动等功能，扩大了展览面积。访谈中了解到，调整方案的原因是展览空间需求较大，而且为了便于管理。由于缺乏及时的居民监督机制和反馈机制，居民只能通过居委会组织的会议才能得知社区整治的具体流程，而等到居民会议举行时，建筑已经施工完成，居民发现建成成果与最终的讨论成果出入较大。这与社区没有建立长期的制度性的参与渠道有关。

6.3.5　效果评价

史家胡同项目将历史院落的再利用和社区文化发展相结合，以期达到了凝聚社区共识、唤起居民参与热情的作用，其参与式整治总体效果取得了良好的效果，整治后的24号院作为北京胡同文化的集中展览地而被社会各界广泛褒扬，但与此同时也存在一些不足，主要体现在部分居民的整治诉求没有得到表达，未参与到方案的讨论中的居民多数系房屋产权为公产或者弱势群体，他们更多地想得到生活质量的改善而非社区公共活动设施的改善，因此本次参与式整治内容实际上代表了居委会和国家机关单位的居民的整治诉求。居委会有力

的组织得以在参与的前期取得良好成果，但是在项目实施阶段的后期，由于缺乏制度性的参与渠道，政府和出资方修改了之前与居民讨论好的方案，这实际上相当于违反了基金会与社区居民订立的契约，导致居民降低了对于参与式整治方式的信任。

第 **7** 章 结论与建议

7.1 结论

7.1.1 北京历史街区整治社区参与实况

这一部分主要是为了回答"北京进行了哪些类型的社区参与型历史街区整治实践?"和"这些历史街区整治实践中的社区参与情况如何?"等几个作为本研究出发点的研究问题。

对于北京历史街区有哪些社区参与型人居环境整治类型及其社区参与情况,可以分为三种类型:一类为街区保护规划创新型,以前期充分的访谈调研为基础,以人口疏解为目标,结合社区发展规划,编制社区详细规划来引导历史街区整治。但是受项目时间和居委会动力不足的限制而难以深入开展。第二类是街道业态更新活化型,此类整治以居民自愿腾退为基础,引入新业态以激发历史街区活力,政府与居民共同承担修缮改造费用,最终实现社区与政府共建。目前以杨梅竹斜街为代表的历史文化名街取得了良好的社区整治效果,但对于居住型历史街区尚需继续探索。第三类是社区公共院落利用型,是以社区公共资源利用为契机,凝聚社区共识,激发社区认同的共管共建整治行动。由于我国的社区组织没有获得良好的发展,社区自我治理能力较差,缺乏长效机制,第三方公益组织退出后,社区的环境又出现退化的现象,社区参与的成果无法得到保证。

从国内外社区参与型整治历史街区的成功经验可以得出,成熟的社区参与体制依赖于其他社会运作体系的配合,由于我国社会管理体系与国外的社会制度存在诸多方面的不同,北京市在运用社区内参与方法整治历史街区的过程中，表现出配合社区参与的系统不相协调和、社区参与整合各系统的能力不强的问题。因此目前北京历史街区整治中的社区参与仍属于探索性的试验阶段，并没有形成完整和成体系的可推广经验，诸多方面的因素仍在制约着社区参与作用的发挥。

7.1.2　影响北京历史街区社区参与的因素

这一部分主要是为了回答"影响北京历史街区社区参与型人居环境整治的因素有哪些?"的问题。基于国内外社区参与型历史街区整治的理论和实践，以及对北京历史街区人居环境整治的考察和访谈来展开。

通过对基础理论、实践案例和北京特点的分析，得出北京历史街区参与型整治的影响因素包括：整治内容是否符合居民诉求，社区居民的参与意识，产权复杂程度，是否存在历史街区的居住隔离问题，外来人口的影响，居住密度过高问题，旅游开发是否适度，政府的支持与援助，社区组织或第三方公益组织的发展情况，通畅的社区参与渠道。

按照三种北京历史街区参与型整治细分类型，笔者通过选取典型案例对上述影响因素进行验证，结果表明：整治内容是否符合居民的整治诉求是居民参与整治的根本动力，是否拥有较高的参与意识对居民参与社区事务具有直接的影响，产权混乱问题阻碍社区居民达成统一的整治诉求。此外，历史街区内的一些特征阻碍了社区认同的建立，从而对社区参与造成不利影响，具体包括：社会地位较高的人群与弱势群体的交往隔离问题，本地居民与外来流动人口的交往隔离问题，居住密度过高造成居民对空间的争夺关系以及过热的旅游开发造成的本地居民与旅游业的冲突。最后，在外部环境方面，目前政府的支持是社区参与式整治项目的发起端，整治前期的启动资金以及基础设施建设全部依赖政府，所以政府的支持是社区参与的前提；社区组织和第三方组织在整治项目中起沟通、协调和策划等核心作用；最后，畅通的参与渠道是保证整治的有效性和长效性的关键性因素。

7.2 建议

7.2.1 健全参与保障体系

我国目前关于社区参与制度方面还没有专门的法律保障，这使得公众参与目前在开展形式与推进深度方面缺少法律的支持与约束。虽然《城乡规划法》中提到了公众参与的方式，但在执行的过程中，对于社区参与的倡导性规定较多，但是在具体的实施过程中却使得社区参与难以落到实处。目前，我国的城乡规划管理正在向规划管治的方面转变，出现了大量的以协调各方利益为主要工作的管理内容，但在"人治"的整体管理制度环境下，政府官员的有限理性难以保证公众利益的实现，因而也就限制了公众参与的推广与实施。所以，要使公众参与得到落实，根本在于立法的保障，需要增强"法治"对于城乡规划管理的有效性，以达成"法治"和"人治"的协调。

由于社区参与整治历史街区所涉及的主体较多，我国的立法体系不能将有关社区参与的立法作为专门性的法律出台，在这样的背景下更加务实的做法是制定专门性的规章或者制定比规章更低一级的规范性文件，立法的内容具体应该加强社区参与整治中的制度性规定，将之程序化和规范化。在参与的义务性方面，分为社区居民和外部主体两部分，社区居民内部的参与义务应该具有非强制性，主要依赖鼓励和教育来增强其参与积极性；对于外部主体部分，市场和政府相关部门的参与应该具有一定的强制性，并且在总体上要明确其参与整治历史街区的角色定位和作用。

为了保证参与的有效性，就必须在参与的各项细分领域中做出规定，这些

细分领域分为项目发起机制、参与整治内容、参与渠道、参与的社区组织或者
第三方公益组织、监督与反馈机制等方面。首先是应当明确项目发起机制，包
括规定发起机制的各种类型，发起机制的必要条件论证；第二是对参与整治的
内容进行限定，以使参与内容体现社区发展的导向；第三是对参与渠道做出制
度性规定，畅通的参与渠道是提高居民参与社区治理积极性的关键，尤其是在
项目开展的初期，居民的自愿性不高的情况下，畅通的参与渠道可以帮助居民
节省参与的成本，从而促进社区参与的开展；第四是鼓励社区组织的发展，培
育社区组织和公益性的社会团体；最后要完善参与监督与反馈机制，监督机制
的完善需要对各责任主体的义务和权利做出规定，并强调对于公权的规范性、
市场经济的制约性以及维护社区公约的权威性。以上五方面的规定之间具有高
度的依存性，缺失其中一环，社区参与的有效性就会降低。

7.2.2　建立长效参与机制

从北京目前的实践来看，社区参与历史街区整治改造的具体运行方法主要
有：入户访谈、入户调查、召开公众听证会、进行座谈会等多种形式，这些形式
集中于整治的前期和中期，而没有后期实施阶段的居民监督与反馈环节。要保证
居民参与能落到实处，而且要保证参与渠道作为一个完整的程序，使社区参与贯
穿社区改造的全过程，包括改造前的前期调查、改造过程以及改造后的居民反馈
评价等各个阶段，其中诸多环节流程烦琐，从这方面考虑，也必须要做出制度
规定，建立长效机制。一些发达国家的社区参与制度已经融入国家社会治理体系
中，社区居民参与社区治理已经成为常态。需要指出的是我国的社会治理体系目
前还在从政府–市场两方向政府–社会–市场三方转变的过渡阶段，诸多社会管理
的内容仍然是街道政府承担，社区对此并没有决策权，因此仅仅为了人居环境整
治这一专项内容而设立类似西方的常设机构不太可行，也没有必要，但是在具体

的整治项目中建立较长期限的监督和管理机构仍然是有必要的。

国内的一些先行整治实践都建立了至少5年的参与机制，如扬州GTZ小组设立了为期5年的整治目标，田子坊成立了无限期的居民管委会和艺术家管委会等常设机构，不仅在组织机构上要建立有常驻人员负责的专门机构，而且在项目管理中也应该健全社区参与保障机制，可以借鉴一些先行城市的公众参与政策，如在城中村改造项目中，广州、深圳等地规定每个城中村改造项目均需设立由政协委员、专家学者、市场代表、社区代表组成的综合整治工作咨询监督委员会，为社区参与提供了坚实的政策保障。这一点值得北京借鉴。

7.2.3 设立社区规划师制度

为了解决目前规划管理中规划局与街道、居委会在组织机制上衔接困难的现状，可设立社区规划师制度，规划师通过深入社区调研访谈居民，强化居民参与，反映社区生活和发展问题[1]，搭建规划管理部门和社区的沟通平台，社区规划师可以作为"公众参与的倡导者"，推进社区实现自我整治潜力的挖掘。研究社区经济发展计划，推进社区建设和转型，以社区发展带动历史街区整治。

上海的社区规划师制度可以提供一定的借鉴经验，规划师在社区发展中起到了多方面的作用，包括参加本社区范围内规划编制；对建设项目审批、验收等管理做监督，防止过度市场化投资造成社区社会结构的破坏；负责对所辖社区范围内的公服设施进行规划管理，确保社区医疗和教育等重大公众利益在实施中得到落实。长沙市在湘园社区规划中尝试了社区规划师的工作模式，首先设立区规划局领导、办公室协调和社区工作室负责的三级组织机制，其次规定了社区规划师的工作内容，包括现场踏勘调查、社区规划项目、反馈规划实施

---

1 郭健，龚毅，李挚. 长沙市试点"社区规划师"初探——以湘园社区为例[J]. 中外建筑，2014（01）：96–99.

情况、收集社区发展意见并向上级政府协调、提供专业规划咨询和培养及宣传规划知识，以提高社区民众对于规划的认知水平。

1）社区现场踏勘调查——设立专门的规划技术人员对所辖社区进行全面的现场踏勘，踏勘的最低频次为每年两次，此举是为了收集社区建设的最新数据，实现规划数据的动态维护，以科学地指导社区规划，同时也是专业人员监督规划实施的过程。2）参与社区规划项目——凡是社区内的规划及建设项目，都要有社区规划师的参与，如编制、审查及建设项目的审批，规划师享有知情权和建议权，但政府保留决策权。3）规划实施反馈——对涉及社区公共利益的建设情况具有实时汇报规划局的责任，对教育、医疗、社区绿地、社区服务型商业设施本身及周边的建设情况进行监督。4）收集社区发展意见并向上级政府协调——定期组织召开能覆盖社区各群体的居民代表会议，对涉及本社区综合环境的问题进行梳理和归纳，之后上报政府部门，构建起政府和居民之间沟通的桥梁。5）提供专业规划咨询——为社区居民提供专业的规划技术咨询，现阶段的规划编制缺乏与居民的良好沟通，运用的专业术语对于居民来说难以理解，且规划师还可以把某一项建设项目多带来的隐性影响做详细解读，便于社区做出决策。6）培养及宣传规划知识——培养居民参与城市规划的全过程的意识，提高居民在前期调研、中期规划编制和后期规划实施三个阶段的参与积极性。使居民认识到城市规划作为一种公共政策与自己的切身利益紧密相关，在此过程中向居民教授专业规划知识，提高居民辨别违规行为的能力，使社区的自我管理和治理的能力增强。

7.2.4 明晰产权关系

由于历史原因，在北京旧城改造中有关房屋建筑的产权不明或产权类型复杂问题导致居民自助修缮的积极性不高。《北京城市总规划》已提出："推动房屋产权制度改革,明确房屋产权,鼓励居民按保护规划实施自我改造更新,成为房屋修缮保护的主体。"因此,只有在明晰产权的基础上,居民自助修缮才能成为一种较为可行的新方式。

由于房地产登记可以起到明确房地产边界、面积,明确房地产权利,明确房地产产权状况等三方面的作用,有学者提出以完善的旧城房屋产权登记制度为基础的产权明晰策略[1],通过深入调研,分类型进行模糊产权的流转,最终达到明晰产权关系的目的。

在做好房屋产权登记的基础上,应该认识到产权混杂和纠纷问题已经成为制约北京历史街区居民自我更新的一大障碍,必须承认这一基本事实,通过主动作为去调整其产权结构,整合历史街区内破碎的房屋使用权,应该对不同的产权房屋采取分类引导的措施。

(1)对于私有产权房屋,因为其大多数属继承祖产而来,住户对祖产基本上持珍惜和保护的态度,经过多次自主维修,因此私产的风貌、结构质量和居住环境相对较好。应当尊重私产房产权,充分地保护其房屋产权的收益权,完善自主修缮房屋的激励机制,鼓励居民主动承担修缮房屋的义务。

(2)单位自管房屋由于单位的修缮资金充足,维持了较好的风貌特点,但是也由于管理单位对于房屋的话语权较大,其用途及建筑外观的更改也相对容易,应该加强此方面的管理和协调。

(3)公产房因所住居民的自主修缮意识不强,大多数房屋老化且风貌破坏也较为严重,需要降低此部分产权的人口密度,采取自愿腾退的办法向外疏解人口,并加强此类房屋的加建和违建现象的管理。北京历史街区实际上采取了房屋产权私有化的政策倾向,此项举措有利于实现房屋的高品质改造,但同时

---

1 吴昊天.北京旧城保护改造中的产权现象及其问题研究[D].清华大学,2007.

也会造成绅士化倾向，诸多实际经验表明，单一的产权类型并不是旧城改造的灵丹妙药，因为产权的单一化会导致某一片区的经营化功能和非经营化功能配比的失调，尤其对于居住型历史街区来说，较高私有化的产权结构容易出现过度市场化经营的结果，从而影响居住品质，应该适当保留公有产权以保证社区利益，但具体的产权结构调整需要进一步探索。

以上对各类产权房屋的分类引导调整均需建立规划和高效的产权迁移平台，可以学习苏州的平江老城产权交易委员会的工作模式，整合各房屋管理单位，施行一站式产权交易管理，对出售、寻租等行为进行规范和指导；对房屋的使用性质变更和建设行为进行监督；对分体出租、群租和乱租现象进行制止。为了解决一般政府部门的效率问题，委员会可以从产权交易中收益，属于盈利机构，但也受到政府检察机关的监督。

7.2.5　多举措调整社会生态

历史街区社区内诸多因素限制历史街区社区形成良好的社区生活氛围，这些因素主要包括社会地位较高的人群与弱势群体的交往隔离问题、流动人口规模较大、居住密度较高和旅游开发过热问题。但是这些问题的解决依赖于多方面宏观政策的调控，同时应注意多种举措的协同性，避免出现"拆东墙，补西墙"的问题，现分别提出建议。

（1）调整历史街区内强弱两大群体的关系，首先要提高弱势群体的经济能力及居住环境，建议政府将就业培训、创业或再就业贷款和补贴向社区层面倾斜，其次尽量让居民在社区范围内解决就业问题，在社区公共服务行业中增加本社区低收入人口就业机会，从而提供两类人群的日常交往机会来促进社区交往。

（2）健全流动人口住房保障制度，以平衡旧城历史街区内的流动人口聚居现象。目前，虽然各社区均设立了外来人口服务站，但是其职能重点在于对外来流动人口进行管理和信息记录，并不能起到规范房屋租赁市场的作用，因此应该建立更高决策权和执行力的流动人口租赁住房管理机构，维持较为稳定的租赁住房市场环境，在此方面可以学习一些西方国家的补贴租金以维持社区网络的做法，规范房屋租赁行为，限制恶意涨价行为。通过这些政策来促进流程流动人口的居住稳定性，从而提高其社区意识，有利于流动人口自觉地维护社区人居环境。

（3）人口密度太高导致的居住拥挤必然会导致社区居民关系的不和谐，尤其是在传统四合院的半公共空间的领域性难以界定的情况下，因此旧城的保护与整治必须要在疏解人口的前提下展开，制定疏解人口建议要注重保留原住民，避免对社会结构产生冲击；并将疏解人口与整合公房院落破碎化的产权相结合，以期同时达成调整产权关系和疏解人口两个目标。

（4）建立社区与商会联合管理旅游业的体制，历史街区的旅游和对外型商业不应脱离社区的发展，建议联合管委会根据实际情况设定历史街区内商业的业态和规模的准入标准，控制旅游业的过热开发。并建立居民分享旅游业发展带来的增益机制，如南锣鼓巷成立了商家居民互助协会同谋区域发展，让居民也享受到旅游带来的收益。

7.2.6　发展社区组织及第三方社会组织

目前北京历史街区社区中具有较高影响力的社区组织只有居委会，居委会掌握社区的大量信息，是最了解社区的组织，但是因为承担了过多的行政职能，居委会的立场难以做到充分地代表社区居民的利益。因此政府应该适当地向社区赋权，使居委会适当地拥有社区自治和决策的权利。同时也应该认识到发达国家的社区参与治理制度具有国家治理制度的延伸的性质，其应用范围涉及社会生活的各方面，包括环境、治安、就业、教育、保障等方面的管理都是以社区为单位展开的。而我国要根据自己的国情来设定社区组织在治理体系中的地位，避免出现管理体系不相协调的问题[1]。

同时应该认识到第三方公益组织在参与式整治中的重要作用，如北京市东城区的社区参与行动服务中心，在历次政府推动的参与式环境整治项目中都起到了化解矛盾、协调各方利益的作用。国外的NGO、NPO等团体更是在参与时整治中发挥着核心的组织者的作用。因此，北京也应该促进社区团体的发展。建议从以下四个方面出台有关政策：

（1）以法律的形式确立社会组织在社会治理等多个领域的合法地位。

（2）制定促进发展社会组织的专门法。保障社会组织的法律地位，从而保证政府对社会组织的干预的规范性、资金来源以及权利和义务。

（3）完善社会组织登记制度。社会组织具有多样化的特点，而我国目前的社会组织登录制度缺乏对于这种多样性的应对，导致很多社会组织未经过政府认证，使得在管理衔接上出现问题，应该灵活地改革社会组织登记办法，将一切有利于人居环境整治的组织纳入到正规化的监督体系当中。

（4）向社会组织提供有保障的经济支持。西方国家的非营利组织的经费由国家财政保障，且规模占整个公共收入的5%~10%，而我国不到0.1%，这说明我国的社会组织的资金来源得不到保障，也侧面反映出社会组织在社会治理体系中的弱势地位。

7.3 研究展望

本书研究了北京社区参与型历史街区整治中的影响社区参与的因素，旨在

---

1 焦怡雪.历史地段保护中的居民参与和非政府组织发展问题初探[D].清华大学，2002.

通过社区参与工作实现历史街区渐进式的物质与社会综合更新，同时推动目前以保护为主的历史街区整治实践融入历史街区社区的发展中，对于该方向的后续研究工作有以下几点展望：

（1）关于社区参与的研究，一些发达国家已经形成了成熟的研究体系和框架，而我国的社区参与实践实际上被官方解读为民政部的社区建设事业，相关研究集中于社会学领域，且研究体系与深度国外尚存在一定差距，因此今后可在国内的社区参与理论和实践方面作进一步深入探讨。

（2）本书以城市规划中的城市治理问题为研究对象，运用了部分社会学研究的方法。社会学研究为了深刻地理解当地的社会生态和社会关系，今后需要更加深入地扎根到所在地区中，展开详细的研究工作。

（3）限于研究题目，本书的研究重点偏向于如何认知历史街区中的社区参与方面，所得出的结论是影响社区参与的影响因素，并根据这些影响因素大体提出了倡议性的建议。今后该方向的研究可在具体整治策略的提出上多下功夫，如深入研究产权制度设计、社区组织发展等一系列关键性的系统问题，这些问题的解决需要结合北京目前的整治政策和实际情况而定，而这样的工作本身又可以构成一个比较完整的研究体系。

附录

附录一：历史街区人居环境整治社区参与调研问卷

日　　期＿＿＿＿＿＿＿

调研地点＿＿＿＿＿＿＿

调研人员＿＿＿＿＿＿＿

问卷编号＿＿＿＿＿＿＿

尊敬的居民：

您好，我们是北京建筑大学城乡规划学研究生，本问卷旨在对您所在社区的居住环境及居民参与社区事务的情况做初步了解，以促进对历史街区社区的研究工作，希望可以占用您10分钟时间，问卷信息将完全匿名，请您放心，感谢您的支持。

调研对象的确认：您所在的居委会名称是？若回答为目标调研区域，请继续下面问题

一、居民基本信息

年龄：＿＿＿＿＿　　　　性别：男/女　　　　家里几口人？＿＿＿＿＿人

家庭总住房面积：＿＿＿＿＿m^2　　　　您在本社区居住了多少年？＿＿＿＿＿

您的房屋产权是？

　　A、房管所直管公房　　　B、单位自管公房　　　C、私房

您的户口类型？

　　A、北京户口　　　　　B、非北京户口

请问您的年收入大概有多少？

　　A、1万元/年以下　　B、1万~3万元/年以下　　C、3万~5万元/年以下

　　D、5万~10万元/年　　E、10万元/年以上

请问您每月食品支出所占总支出的比例为多少？_____

请问您的文化程度是？

  A、没上过学   B、小学   C、初中   D、高中/技校/职中/中专

  E、大专   F、本科及以上

您现在的职业或者退休之前的供职单位类型？

  A、政府机关办公人员 B、国有企业办公人员 C、集体/三资私营企业

  D、个体自营   E、退休或待业工人 F、无业

请调研者根据专业知识判别调研对象所住房屋质量：

  A、质量好   B、质量一般   C、质量差

"质量好"是指建筑主体结构完好、维护部件完整、市政设施基本配套齐全的建筑
"质量一般"指建筑主体、结构一般、维护部分一般、市政设施配套不齐全的建筑
"质量差"指建筑主体结构很差、维护使用很差、市政设施配套不齐全的建筑

二、关于社区整治内容的问题

请问您认为所在社区是否有必要进行整治？（请打钩）   是   否

整治内容	整治内容说明	是否满意？（请打钩）	是否必要整治？（请打钩）	是否参与过？（请打钩）	是否愿意参与？（请打钩）
住房条件	住房面积 老旧房屋安全性 厕所 厨房 低洼院落	□ 满意 □ 不满意 □ 无所谓	□ 必要 □ 不必要 □ 无所谓	□ 参与过 □ 没听说过 □ 没参与过	□ 不愿意 □ 愿意提供建议 □ 愿意提供资金和建议
市政设施	给水管道通到户内 排水设施 采暖形式（煤改电） 电路系统 网络系统	□ 满意 □ 不满意 □ 无所谓	□ 必要 □ 不必要 □ 无所谓	□ 参与过 □ 没听说过 □ 没参与过	□ 不愿意 □ 愿意提供建议 □ 愿意提供资金和建议
公共服务设施	停车设施 安全措施 休闲活动场所 体育健身设施 规范垃圾处理措施	□ 满意 □ 不满意 □ 无所谓	□ 必要 □ 不必要 □ 无所谓	□ 参与过 □ 没听说过 □ 没参与过	□ 不愿意 □ 愿意提供建议 □ 愿意提供资金和建议

续表

整治内容	整治内容说明	是否满意？ （请打钩）	是否必要整治？ （请打钩）	是否参与过？ （请打钩）	是否愿意参与？ （请打钩）
街道历史 风貌整饬	外观风貌整饬 街道卫生整治	□ 满意 □ 不满意 □ 无所谓	□ 必要 □ 不必要 □ 无所谓	□ 参与过 □ 没听说过 □ 没参与过	□ 不愿意 □ 愿意提供建议 □ 愿意提供资金和 建议
社区文化 建设	社区娱乐活动 民俗文化活动	□ 满意 □ 不满意 □ 无所谓	□ 必要 □ 不必要 □ 无所谓	□ 参与过 □ 没听说过 □ 没参与过	□ 不愿意 □ 愿意提供建议 □ 愿意提供资金和 建议

请问您的住房是否存在以下几类情况？

有无独立水龙头？	有	无
冬天是否烧煤取暖？	是	否
有无独立厨房？	有	无
有无独立卫生间？	有	无
排水是否畅通？	是	否
电线是否老化？	是	否

三、社区交往

您经常交流的对象是以下哪类居民？

以单位类型分（最多选两项选）	以房屋产权分（单选）	以户籍分（单选）
□ 国家机关 □ 国有企业办公人员 □ 个体自营 □ 退休或待业工人 □ 无业	□ 房管所直管 □ 单位自管 □ 私房	□ 北京籍 □ 非北京籍

您和社区内的其他人经常交流吗？ 每天和社区内其他居民交流的次数？

    A、1次   B、2次   C、3次   D、4次   E、4次

您认为生活是否受到旅游业的干扰？　　　□是　　　　□一般　　　　□否

四、关于社区制度

您参加过下列组织的会议吗？

居委会	□ 没听说过	□ 听说过，没参加过	□ 很少参与	□ 经常参与
第三方公益组织	□ 没听说过	□ 听说过，没参加过	□ 很少参与	□ 经常参与
物业管理单位	□ 没听说过	□ 听说过，没参加过	□ 很少参与	□ 经常参与

您认为居委会属于以下哪种机构？

A、政府下属机构　　B、介于政府和居民之间的组织　　C、居民自治组织

您对以下居民参与形式的看法是？（可多选）

参与渠道	没听说过	听说过	参加过	希望社区采用
居民代表会议				
听证会				
论证会				
规划方案批前公示				
规划成果展示会				
由居民代表、规划师、政府人员组成的讨论小组				
驻地社区规划师制度				
民意征询				
民意调查（问卷调查）				
政府网站上征集居民意见				

再次感谢您的配合！

附录二：访谈记录

访谈记录一：菊儿胡同居民

时间：2016年10月22号

访谈地址：菊儿胡同17号院内

访谈人：王一统

访谈对象：周老先生

访谈内容：

1. 当时的北京市的副市长和国家领导
人决定要在旧城尝试搞一个以新式
建筑改造旧平房的试点，但要求要
有四合院的特点，就找到清华大学
的吴良镛先生做了这次试验，吴先
生设计出的这种新型建筑类型叫类
四合院，我是学土木的，所以比较
了解这些知识。一共分三期实施，
我们家是第一批。

2. 我们家是清朝时候住在这儿的，属于私房，后来在建类四合院的时候，先
把原来的大杂院给拆了，让居民自己决定是回迁还是拿拆迁补偿款，当时
一期的回迁价格是600元/m²，当时的工资是几十块钱，后来政府在当时有
限的财政能力下补助300元/m²，但是居民仍然承担不了这么高的价格，只
有百分之十的居民有能力支付回迁所用资金，而且当时项目需要启动资
金，当时空军后勤部和贵州驻京办决定买下两处院子，因此有了动工的启
动资金。

3. 现在胡同里产权混杂，这房子地下室原来给打扫卫生的人用，后来着火事件后就清走了，之前还有人出租给租房子的人，其实这都属于我们居民共有的公共资源，不应该被拿来赚钱。在社区管理中，居委会很不作为，垃圾处理等管理很不到位，新成立的东旭佳业物业管理公司也管理不太规范。

4. 未听说过有论证会、听证会等社区参与的形式，听说过居民代表会议，但是形式大于作为，我们一般都不愿意参加，即使参加了反映的意见也上不到政府去。

5. 南锣鼓巷商业街的商业化气氛太重，没有了老北京的文化传承，我们居民买东西都得跑好远才行，服务社区居民的商业较少，现在好像说要整治那些韩国的餐饮店，把一些老字号保留下来，这种做法值得表扬。

6. 街坊邻居虽然平常还处得很和睦，但是外来租户较多，还有全国来北京工作的人有挣钱在这儿买房的人，因为生活习惯不同，大家互相之间也不交流。原来的街坊邻居之间会很友善，邻里活动比较多。现在都忙着挣钱，休息也都在家待着，互相之间也不说话。

访谈记录二：南锣鼓巷前居委会主任

时间：2016年11月25号

访谈地址：南锣鼓巷居委会内

访谈人：王一统

访谈对象：张大妈

访谈内容：

1. 我家老伴是交通部工作，我也是交通部下属单位管财务的，现在我们都退休了，住在交通部自己盖的住宅楼里，就一栋楼，小区内（实际上是指交通部家属楼小院）居住的大多数都是原交通部工作的人员，素质都基本较高，我和我老伴都是大专毕业。

2. 我曾经担任过南锣鼓巷居委会主任，那是很早的时候，我们那时候工作都是半义务性的，工资一个月七八百的样子，他们（指南锣鼓巷现居委会工作人员）现在赶上了好时候，工资一个月有五六千。这全都依赖国家的好政策，现在我们居委会会定期举行社区活动，在一个公房的地下室，音响、投影和舞台一应俱全，之前同单位的

同事们（现在已经退休），我们不定期会去参加居委会组织的活动，南锣鼓巷社区一直比较受街道重视，我们的工作一直很受政府支持。

3. 我住在交通部单独建设的房子里，算是最早的一批楼房吧，虽然户型不大，但是水电暖等很齐全，我们小院里的物业是由交通部专门管理后勤的部门管理，平常也不用交物业费，除了停车没有地方外，生活挺舒适的。但就是胡同里得公共环境不太好，什么人都有，一些低保户等人拿着国家的钱，待在几平方米的房子里，什么也不做，我们大多数人都不和他们交往。

4. 关于外地人，他们作为一个外来人，不懂得珍惜北京胡同的生活环境，经常看见年轻人在胡同里开着小摩托很快地驾驶过去，对行人尤其老人不安全，还有就是现在的四合院根本不是你在电视里看到那样，变成了到处加建违建的大杂院，而且外地租房子的居多，差不多能到本地人的一倍吧，都是住个两三年的然后就换地方了。不过有些外地人也很勤奋，比如菜场的小师傅，卖的东西价格较合理，平常我们见了面也打招呼。

5. 关于南锣鼓巷主街上的游客太多问题，我们向居委会和上边都反映过情

况，他们赚钱归赚钱，但是影响到了我们正常的生活，南锣鼓巷归根到底还是一个居住为主的地方，而且现在南锣鼓巷不是我们小时候那种充满生活气息的感觉了，被弄得乌烟瘴气的。

访谈记录三：大栅栏杨梅竹斜街居民

时间：2015年10月17号

访谈地址：大栅栏杨梅竹斜街户外

访谈人：王一统

访谈对象：大栅栏王先生

访谈内容：

1. 我们家是祖传的老字号店铺，名为王回回，正名叫"济安堂"，以前在这一代有三家老字号，王麻子、王致，然后就是王回回，祖上是卖膏药的。曾经拥有这条街上最大的店铺，现在只保留了百年前的一间门脸儿，开个书店。

2. 随着北京大栅栏投资有限责任公司的介入，大栅栏是比前齐整点儿了，但是也随之带来不少问题，比如有一些改造的想法确实也是为了居民号，但是有一些实际问题并没有考虑到，居民的使用率不高，并没有达到原来设计的初衷。而且"大投"公司的这种改造使原来的人气没有了，之前我们这家店铺是卖那种小摆件、旅游纪念品等东西，虽然质量较差，但是买的人多，营业额还挺高的，租金比我自己经营书店高多了，现在整条街死气沉沉的，只有在每年的国际设计周的时候才热闹，平时人

烟稀少。

3. 外来人员得分开看待，第一类是来北京打工的，大多数学历不高，收入也不高，在这周围打工，因为看中这里的租金比较低，就在这儿租房子了，相对素质不太高，使得这条街的卫生状况较差，放置东西也没个规矩，各家出租的房子越隔越小，住的人越来越多，你看着电线越来越乱，时间长了容易出现安全问题，近一两年才好点儿了。原住民们都很排斥这些外地租户，认为主要是他们造成原来的胡同变成现在这样的；另外一种外地人是新来开店的，这些人可能学历比较高，带来了一些新奇的产业，但是这种新文化是否与胡同的这种历史的感觉协调，目前比较有争议。

4. 现在的"大投"公司主要还是做一些杨梅竹斜街上的活动，实际上你去看后边的居民区，很脏乱差，居住质量较低，而且"大投"公司也没有办法整治这样的现象，私房主可能还想留下来，而公房里边住的经租户基本上都是想拆迁换房子，而且他们有本事的人都在城外有房子，赖着不走也是为了补偿拆迁。之前对一般居民院的改造都是尝试性的，比如"内盒院"，只做了一个，老居民们没有人按那样改。

访谈记录四：小菊胡同居民

时间：2016年12月10号

访谈地址：小菊胡同户外

访谈人：王一统

访谈对象：新太仓小菊社区张先生

访谈内容：

1. 我们家住的是公房，一家三口，使用面积共18m^2，共两间正式房，在对面搭建了两间，一间是给女儿住的，另外一间是小厨房，女儿在四环买了一

套房子，不经常回来住，户口本上虽然是
三口人，但是实际上还住着一个外甥。

2. 1956年住进来，已经住习惯了，但是产权
不归自己，可能以后会面临搬迁的情况。
因此，很少对房屋进行修缮，曾有几次小
的政府统一的维修给水管道的维修。住在
这里最大的缺点就是空间狭小，上厕所不
方便，剩下的就是邻里关系差，总之这个
地方之前住着还行，由于社会这几年的变
化，大家都变得越来越功利。

3. 关于改造方面，政府这几年确实做了不少事，生活设施还是比以前好多
了，尤其是奥运会那年改造了很多，但好像通过社区居民自己改造房屋还
没听说过，可能私房主比较重视这一方面。居委会在整治环境的过程中，
也只起到劝阻和沟通的作用，他们没有具体拆过谁家加建的房子，上一次
的防止"开墙打洞"的整治活动都是公安或者城市管理部门来拆，实际上
加建和违建都有居民自己的理由，都是因为人民没有居住的空间才干违法
的事儿。而且在工人潮涌入北京的时候，政府是希望加建的，你很难说谁
对谁错，我们现在在这儿住了很多年了，这儿早已成我的家了，我们不能
轻易搬走。

4. 居委会组织的活动比如居民代表会议，我们基本都不太愿意参与，一般也
没有和我们有关系的事儿，其实这院儿给整一整是挺好的，但是不符合实
际情况，如果这院里有一家开始乱堆杂物，这个院里就都开始堆了，没办
法形成共同的约定，有的彼此还很不对付。经常围绕这房是谁的而吵架。

附录三：北京旧城历史文化街区房屋保护和修缮工作的若干规定（试行）

北京市建设委员会、北京市规划委员会、北京市文物局关于印发《北京旧城历史文化街区房屋保护和修缮工作的若干规定（试行）》的通知（京建住〔2009〕65号）

第一章　总　则

第一条　为依法推进本市旧城历史文化街区房屋保护和修缮工作，依据历史文化《历史文化名城名镇名村保护条例》、《北京历史文化名城保护条例》、《北京城市总体规划（2004-2020）》、《北京旧城25片历史文化保护区保护规划》（以下简称保护规划）等相关法律、法规、规划，制定本规定。

第二条　本市旧城历史文化街区房屋保护和修缮，以及所涉及的胡同整治、市政基础设施改造和居民疏散等相关工作，依据本规定执行。旧城是指明清时期北京城护城河及其遗址以内（含护城河及其遗址）的区域。历史文化街区是指市政府批准公布的历史文化保护区。

第三条　本市旧城历史文化街区房屋保护和修缮工作（以下简称房屋保护和修缮工作）应坚持以下原则：

（一）坚持整体保护、有机更新的原则。严格执行保护规划，通过小规模、渐进式有机更新的方式组织实施。保护历史真实性，保存历史遗存和原貌，严禁大拆大建。

（二）坚持政府主导、多方参与的原则。在政府的统筹组织下，落实房屋产权人、使用人（含承租人，下同）修缮、管理、维护的责任，调动居民的积极性；发挥市场机制的作用，鼓励社会力量参与房屋保护和修缮工作。

（三）坚持保护风貌、改善民生和促进发展相结合的原则。按照"修缮、改善、疏散"的总体要求，保护历史文化风貌，改善居民居住条件和生活环境，完善市政基础设施，逐步疏解旧城人口，促进经济社会可持续发展。

第四条　北京市住房保障工作领导小组统一领导本市房屋保护和修缮工作。领导小组办公室设在市建设委员会，负责研究制定有关政策措施，协调各有关部门开展房屋保护和修缮工作。市发展改革、财政、规划、建设、文物、国土资源、交通、环保、市政、园林、旅游、城管执法、市政专业公司等相关行政主管部门和单位，按照职责分工，负责房屋保护和修缮的相关工作。

第五条　东城区、西城区、崇文区、宣武区人民政府（以下简称区政府）负责本区房屋保护、修缮工作的组织实施，主要职责是：制定房屋保护和修缮工作计划和实施方案并负责组织实施；监督修缮过程中的质量、安全；组织拆除历史文化街区内的违法建筑；落实房屋保护和修缮资金；在市政府统筹组织下建设和筹集居民搬迁定向安置用房；协调解决有关问题。区政府负责组织有关部门，对旧城历史文化街区现存房屋、居住人口及市政基础设施等情况进行详细调查，建立管理数据库，对房屋保护和修缮工作实施动态管理。

第六条　区政府应在每年11月底前，编制完成下一年度《旧城历史文化街区房屋保护和修缮工作计划》（以下简称工作计划），工作计划主要包括房屋修缮、胡同整治数量，人口疏散计划，工作进度安排，资金及房源安排等内容。各区工作计划由市住房保障工作领导小组办公室进行汇总，报市政府批准后，下达区政府组织实施。

第二章　房屋保护和修缮

第七条　房屋保护和修缮主要通过翻、改建、大修、中修、小修和综合维修等方式进行，应当符合以下要求：

（一）与历史文化街区的空间格局、建筑体量、尺度、形式、色彩等传统特征相协调；

（二）保存胡同肌理、传统四合院的原有格局；

（三）保存不可移动文物和其他历史建筑及建筑构件等历史遗存；

（四）房屋修缮施工应当使用传统材料，采取传统做法，保持传统形式，修缮后应当达到结构安全、能源清洁、设施基本完善的要求，符合抗震和建筑节能标准。

第八条 房屋保护和修缮应当执行市规划、建设、文物等相关部门制定的技术标准，对不同类别的房屋，采用不同方式进行保护和修缮：

（一）文物类建筑应依据有关文物保护的法律和法规对其进行严格保护；

（二）保护类建筑只可按原有建筑格局和建筑形式进行修缮，不得拆除、改建和扩建；如确需对其内部进行现代化改造的，应保留原有格局和外貌；旧城内被确定为保护院落的，按照保护类建筑进行管理；

（三）改善类建筑应以修缮为主；经鉴定为严重破损或危险房屋的，可按历史格局和外貌翻建；

（四）保留类建筑原则上应该保留，需要改建时应恢复传统建筑形式；

（五）更新类建筑应严格按重点保护区的空间格局、建筑体量、尺度、形式、色彩等传统特征拆除改建；

（六）整饰类建筑应按照保护区传统特征进行整饰或改建。

第九条 房屋产权人承担房屋保护和修缮责任。直管公有房屋和单位自管公有房屋（以下统称公有房屋）产权人，可指定具体实施单位（以下简称实施单位）负责房屋保护和修缮工作，房屋使用人应当积极配合。

（一）房屋产权人负责按照规划条件和相关技术标准对房屋进行保护和修缮；房屋使用人应当依法服从产权人对房屋的管理，配合产权人进行房屋保护和修缮。

（二）房屋的保护和修缮费用由产权人承担。直管公有房屋由政府出资进行修缮；单位自管公有房屋由房屋产权单位出资进行修缮；私有房屋由房屋产权人出资进行修缮。私有房屋与公有房屋结构相连不可分割，或因公有房屋修缮后影响私有房屋使用，需与私有房屋同步进行修缮的，私有房屋产权人应当积极配合修缮，区政府或单位自管房产权单位可以给予一定补贴；对于街巷、胡同两侧外立面整修需要私有房屋产权人配合进行修缮的，区政府可以给予一定补贴。对于私有危险房屋，产权人应当按照风貌保护要求进行修缮，对修缮确有困难的，区政府可以给予一定补贴。补贴的具体标准由区政府结合实际情况制定。

（三）房屋修缮完成后，由房屋产权人、使用人承担房屋的维护和管理责任，不得擅自改变房屋和院落的外貌、边界，不得进行违法建设；违反相关规定的，承担相应的法律责任，并由规划行政主管部门或城市管理综合执法部门依法处理。

第十条　经房屋安全鉴定机构鉴定为严重破损和危险房屋的，房屋产权人必须及时进行房屋修缮、改造，排除居住危险和安全隐患。公有房屋产权人进行房屋修缮改造时，房屋使用人应当积极配合，必要时需临时腾空房屋或搬迁。私有房屋产权人承担房屋安全使用责任。房屋行政主管部门发现确属危险的私有房屋，要及时下达危房解危通知书并监督房屋产权人限期进行修缮改造。对于影响公共安全的私有危险房屋，房屋产权人拒不进行修缮的，房屋行政主管部门有权指定实施单位代为修缮，修缮费用按照本规定第九条承担。

第十一条　在历史文化保护街区内，不得擅自设置户外广告、牌匾标识、标语及宣传品，不得擅自架设各种管线。房屋保护和修缮过程中，房屋产权人原则上应将违法建设一并拆除，影响城市景观及公共利益的临街违法建设必须无条件拆除；逾期不拆除的，由规划行政主管部门对违法建设进行认定，由区政府组织拆除。违法建设侵害相邻房屋产权人或使用人合法权益的，相关房屋产权人或使用人可以提起民事诉讼，由违法建设责任人承担相应法律责任。

第十二条　直管公有房屋保护和修缮工作按照以下程序进行：

（一）区政府组织街道办事处进行入户调查和宣传动员工作，并对申请房屋保护修缮的居民进行登记；

（二）区政府结合居民房屋修缮申请和本区工作计划，制定详细的房屋保护和修缮工作实施方案；

（三）房屋产权人与承租人签订房屋保护和修缮协议；房屋保护和修缮协议内容应包括：房屋修缮的实施主体、出资方式、修缮方式、质量要求、施工工期、违法建设拆除要求；房屋修缮后的维护和管理；双方权利义务以及违约责任等内容；

（四）区政府会同文物管理部门，组织对纳入年度工作计划的房屋进行分类；

（五）房屋产权人对房屋、院落进行翻建的，需到区规划管理部门办理建设工程规划许可证；对房屋、院落进行改建的，需到区规划管理部门办理规划意见书和建设工程规划许可证；对房屋、院落进行翻建、改建，需要办理施工许可手续的，按照现行规定办理；

（六）房屋产权人按照房屋分类和技术标准，对房屋进行保护和修缮；

（七）房屋保护和修缮工程竣工后，由区政府组织有关部门和专家对是否符合历史文化风貌进行评估和验收；由房屋产权人组织对工程质量进行验收。区政府有关部门应做好资料存档工作。单位自管公有房屋和私有房屋产权人修缮房屋的，参照上述程序办理。

第三章　市政设施改造和环境整治

第十三条　区政府统一组织实施旧城历史文化街区市政基础设施改造和环境整治工作，应保持胡同传统风貌和肌理，不得改变胡同原有尺度和走向，确需改变的，应按照保护规划的要求实施。

第十四条　胡同市政基础设施改造时应当在不改变胡同宽度的前提下同步

敷设市政管线。规划行政主管部门应当根据不同的胡同尺度和外部市政条件，编制与历史文化街区相适应的市政基础设施改造技术标准，并报住房和城乡建设部备案。

第十五条　市政基础设施改造费用按以下原则确定分担标准：

（一）因市政基础设施改造确需实施搬迁的，由区政府负责所涉及的居民和单位搬迁工作，并承担相应的补偿费用。

（二）院落外的基础设施改造费用由政府或市政专业公司承担。

（三）院落内的基础设施改造费用，包括材料、人工费用，由房屋产权人承担，有关市政专业公司应当提供接驳服务。

第十六条　市有关部门和区政府应统筹协调历史文化街区清洁能源改造、环卫设施改造、架空线入地、胡同外立面整修等各类市政改造和环境整治工程，做到统一规划设计，统一实施，避免重复施工，减少对居民生活和周边环境的影响。

第四章　居民疏散

第十七条　产权人或使用人居住的房屋属于下列情形之一的，由政府依法征收，居民应当按规定搬迁：

（一）需要腾退后对社会开放的不可移动文物、历史建筑和危及文物、历史建筑安全等不合理使用的建筑；

（二）修建市政道路或引入市政基础设施需拆除的房屋；

（三）经鉴定为严重破损或危险房屋，严重影响居住安全，无法实现原地重建的筒子楼、简易楼或中式楼；

（四）其他按照保护规划要求确需拆除的房屋。

第十八条　旧城历史文化街区公有房屋承租人愿意腾退房屋的，按照以下程序进行：

（一）区政府组织街道办事处进行入户调查、宣传动员，对提出腾退申请的房屋承租人进行登记；

（二）房屋产权人与申请腾退的承租人协商签订补偿安置协议；房屋产权人可以用房屋直接安置承租人或实施登记轮候安置；

（三）房屋产权人与承租人解除房屋租赁合同，承租人腾空房屋并移交房屋产权人。对公房院落腾退部分居民后剩余的承租人，产权人可将其调整到其他院落安置，变更租赁合同，并适当改善承租人居住条件。

第十九条　私有房屋产权人愿意搬迁的，可以向房屋所在地街道办事处提出申请，由区政府委托相关机构与产权人协商收购其房屋。

第二十条　鼓励单位和个人购买旧城历史文化街区的房屋或院落，参与房屋保护和修缮工作。购买旧城历史文化街区居民承租的直管公有房屋的，购买人应当与承租人进行协商，对承租人妥善安置，再与产权人签订公房补偿协议，房屋行政主管部门予以办理公房的权属转移登记手续。各区街道办事处可组织、协调直管公房院落承租人与购买人进行集体协商收购，保障各方当事人合法权益。区政府负责制定鼓励直管公有房屋流转的具体办法，市相关部门予以政策支持。

第二十一条　单位自管公有房屋产权人可参照本规定第二十条组织承租居民进行疏散。

第二十二条　按照本规定第十七条、第十八条、第十九条规定搬迁的居民，市、区政府应当统筹建设或筹集定向安置房予以安置；符合保障性住房申请资格的，应当优先安排购买或承租保障性住房；居民选择货币补偿的，由双方通过评估和协商方式确定补偿价款，区政府不再提供定向安置房或保障性住房。具体安置办法由区政府按照居民原住房面积结合区位差异等因素制定。

第二十三条　区政府对腾退后的房屋在进行修缮后可以安排其他院落的居

民居住，也可结合历史文化街区产业发展规划发展相关产业。腾退后拟拆除的建筑应在拆除前征求文物部门意见。

第五章　法律责任

第二十四条　市、区政府相关部门应当按照职责分工，切实支持房屋保护和修缮的相关工作；对未履行职责的部门和单位，依法追究责任。

第二十五条　房屋产权人、使用人未按照规划条件和相关技术标准履行管理、维护、修缮义务的，由规划行政主管部门按照《北京历史文化名城保护条例》第三十九条的规定责令改正，可以并处10万元以上20万元以下的罚款；侵犯他人合法权益的，依法承担相应法律责任。

第二十六条　房屋保护和修缮过程中，需要房屋使用人临时搬出或腾退房屋，房屋使用人无正当理由拒不搬出或腾退的，房屋产权人可以与承租人解除房屋租赁合同，并依法向人民法院提起民事诉讼。对情况紧急需尽快搬出或腾退房屋的，房屋产权人可以依法申请人民法院先予执行。

第六章　附　则

第二十七条　区政府可以结合本区实际情况，按照相关法律、法规规定，制定本区房屋保护和修缮工作的实施细则。

第二十八条　房屋保护和修缮涉及文物保护单位及不可移动文物，以及文物保护单位保护范围和建设控制地带内房屋的，还应按照《中华人民共和国文物保护法》、《北京市实施<中华人民共和国文物保护法>办法》等相关法律、法规及规章的规定执行。

第二十九条　本市旧城内历史文化街区以外区域，以及旧城以外的历史文化街区、历史文化名村、名镇的房屋保护和修缮工作，在符合国务院《历史文化名城名镇名村保护条例》的前提下，可以参照本规定执行。

第三十条　本规定自2009年3月1日起实施。

参考文献

专著

［1］[美]丹尼斯·C·缪勒.公共选择理论[M].杨春学，李绍荣等译.北京：中国社会科学出版社，2010：303-335.

［2］[美]乔纳森·特纳.社会学理论的结构（上）[M].北京：华夏出版社，2001：321-322.

［3］Wirth，L.Urbanism as a Way of Life，in Hatt P.&reiss，A.J.Jr.（eds）.City and Society[A].Glencoe：The Free Press，1957.

［4］查尔斯王子基金会编.史家胡同，复兴一条北京的历史街巷[Z].2010

［5］朱隆斌，Peter Herrle，Sonjia Nebel. 城市提升——扬州老城保护整治战略[M].南京：江苏科学技术出版社，2007.

［6］林钦荣.城市空间治理的创新策略[M].台北：新自然主义股份有限公司出版，2006：56.

［7］日本观光资源保护财团编.历史文化城镇保护[M].路秉杰译.北京：中国建筑工业出版社，1991：176.

［8］董光器.古都北京五十年演变路[M].南京：东南大学出版社，2006.

［9］王军.城记[M].生活·读书·新知三联书店，2003.

［10］宋庆华等. 沟通与协商——促进城市社区建设公共参与的六种方法[M]. 北京：中国社会出版社，2012.

［11］王军.十年[M].生活·读书·新知三联书店，2012.

［12］苏秉公，庞啸. 城市的复活——全球范围内旧城区的更新与再生[M]. 上海：文汇出版社，2011.

［13］吴良镛.北京旧城与菊儿胡同[M].北京：中国建筑工业出版社，1994.

［14］大家的历史街区——实现可持续复兴的社会化人性化方法.联合国教科文组织宣传册，2008（07）.

学位论文

［1］王亮.北京历史文化保护区规划中"居民参与"的理论与实践研究[D].清华大学，2003.

［2］刘蔓靓.北京旧城传统居住街区小规模渐进式有机更新模式研究[D].清华大学，2006.

［3］喻涛.北京旧城历史文化街区可持续复兴的"公共参与"对策研究[D].清华大学，2013.

［4］陈振华.利益、认同与制度供给：居民社区参与的影响因素研究[D].清华大学，2004.

［5］王静婷.北京市社区居民参与制度研究[D].中国政法大学，2011.

［6］关斌.历史街区保护更新的"自组织"模式研究[D].华南理工大学，2014.

［7］徐好好.意大利波河流域历史城镇城市遗产的保护和更新研究[D].华南理工大学，2014.

［8］井忠杰.北京旧城保护中政府干预的实效性研究[D].清华大学，2004.

［9］曲蕾.居住整合：北京旧城历史居住区保护与复兴的引导途径[D].清华大学，2004.

［10］喻涛.北京旧城历史文化街区可持续复兴的"公共参与"对策研究[D].清华大学，2013.

［11］徐萍.理性选择理论视角下的居民社区参与研究[D].南京理工大学，2015.

［12］夏晓丽.城市社区治理中的公民参与问题研究[D].山东大学，2011.

［13］吴昊天.北京旧城保护改造中的产权现象及其问题研究[D].清华大学，2007.

［14］张飚.北京旧城居住区社会结构研究——以烟袋斜街为例[D].清华大学，2003.

［15］王亮.北京历史文化保护区规划中"居民参与"的理论与实践研究[D].清华大学，2003.

［16］禹婧.北京市流动人口聚居区"社区参与型"人居环境改善影响因素研究[D].北京建筑大学，2015.

［17］居瑾虎.历史街区保护方法研究——以北京什刹海金丝套为例[D].清华大学，2000.

［18］焦怡雪.社区发展：北京旧城历史文化保护区保护与改善的可行途径[D].清华大学，2003.

［19］邵磊.北京旧城保护与改造的制度结构与变迁[D].清华大学，2003.

［20］范嗣斌.什刹海烟袋斜街地区保护与更新——北京历史街区小规模整治与更新的一次实践[D].清华大学，2002.

［21］焦怡雪.历史地段保护中的居民参与和非政府组织发展问题初探[D].清华大学，2002.

［22］曲蕾.北京历史街区的文化延续性问题研究[D].清华大学，2003.

［23］吴春.大规模旧城改造过程中的社会空间重构——以北京市为例[D].清华大学，

2010.

［24］陈珊珊.增进北京历史文化保护区活力的方式探索[D].清华大学，2006.

［25］李艾桦.北京杨梅竹斜街城市更新案例研究[D]. 北京建筑大学，2015.

［26］刘杰希.基于社区营造的居住性历史街区保护更新研究[D]. 重庆大学，2016.

［27］吴丹.基于社区的"三元互动"旧城更新规划策略研究[D]. 华中科技大学，2012.

期刊论文

［1］孙立，沈莹，城所哲夫.发展中国家城市贫困地区居住环境整治初探[J].现代城市研究，2011（10）：24-27.

［2］鄢圣文.世界城市建设：北京社区参与机制探讨[J].北京规划建设，2010（05）：60-62.

［3］汪坚强."民主化"的更新改造之路——对旧城更新改造中公众参与问题的思考[J].城市规划，2002（7）：43-46.

［4］李小敏.城市规划及旧城更新中的公众参与[J].城市问题，2005（3）：46-50.

［5］阮仪三.我国历史街区保护与规划的若干问题研究[J].城市规划，2001（10）.

［6］赵民."社区营造"与城市规划的"社区指向"研究[J].规划师，2013，29（9）：5-10.

［7］魏成.政策转向与社区赋权：台湾古迹保存的演变与经验[J].国际城市规划，2011（03）：91-96.

［8］王郁.城市低收入社区参与型改造的理念与实践——发展中国家的经验和启示[J].城市问题，2006（5）：56-61.

［9］罗曼琪. 社会转型期的城市社区治理：社区公民参与的发展状况及问题浅析[J]. 改革与开放，2010（06）：94.

［10］管娟.上海中心城区城市更新运行机制演进研究——以新天地、8号桥和田子坊为例[J].同济大学，2008（03）.

［11］胡澎.日本"社区营造"论——从"市民参与"到"市民主体"[J].日本学刊，2013（03）：119-134；159-160.

［12］翁锦程.马来西亚历史文化遗产保护经验对我国的启示——以马六甲和乔治市为例//中国城市规划学会.城市时代，协同规划——2013中国城市规划年会论文集（11-文化遗产保护与城市更新）[C].中国城市规划学会，2013：9.

［13］朱隆斌.人为本 形次之——扬州老城保护的中德合作探索与实践[J].城市建筑，

2007（07）：84-86.

[14] 郭燏烽，朱隆斌.基于社区参与的传统街区复兴——以扬州老城文化里改造社区行动规划（CAP）为例[J].城市建筑，2009（02）：100-102.

[15] 刘立早.北京旧城四合院产权演变探析[J].北京规划建设，2011（04）：21-24.

[16] 单霁翔.从"大规模危旧房改造"到"循序渐进，有机更新"——探讨历史城区保护的科学途径与有机秩序（下）[J].文物，2006（07）：26-40.

[17] 边兰春，井忠杰.历史街区保护规划的探索和思考——以什刹海烟袋斜街地区保护规划为例[J].城市规划，2005（09）：44-48.

[18] 李猛，周飞舟，李康.单位：制度化组织的内部机制[J].中国社会科学季刊（香港），1996（30）：45-62.

[19] 吴祖泉.解析第三方在城市规划公众参与的作用——以广州市恩宁路事件为例[J].城市规划，2014（2）：62-68.

[20] 郭健，龚毅，李挚.长沙市试点"社区规划师"初探——以湘园社区为例[J].中外建筑，2014（01）：96-99.

[21] 郭湘闽.房屋产权私有化是拯救旧城的灵丹妙药吗？[J].城市规划，2007（01）：9-15.

[22] 梁鹤年.公众（市民）参与：北美的经验与教训[J].城市规划，1999（5）：49-53.

[23] 谢涤湘，朱雪梅.社会冲突、利益博弈与历史街区更新改造——以广州市恩宁路为例[J].城市发展研究，2014，21（3）：86-92.

[24] 钟晓华，寇怀云.社区参与对历史街区保护的影响——以都江堰市西街历史文化街区灾后重建为例[J].城市规划，2015，39（7）：87-94.

[25] 周婕，姚文萃，谢波 等.从博弈到平衡：中西方旧城更新公众参与价值观探析[J].城市发展研究，2017（2）.

规划类材料

[1] 北京市规划委员会.北京旧城25片历史文化保护区保护规划[M].北京燕山出版社，2002.

[2] 北京市规划委员会.北京市城市总体规划（2004-2020）.2004.

[3] 东城区小菊社区详细规划。

网络

[1] 北京市统计局网站http：//www.bjstats.gov.cn/tjsj/.

[2] 南阳民间文化官网：http：//nanyangfolkculture.org/blog/.

[3] 社区参与行动服务中心：http：//www.ssca.org.cn/.

[4] 南锣鼓巷社区网站：http：//jdkjd.bjdch.gov.cn/n1709178/n2680500/index.html.

[5] 大栅栏更新计划网站：http：//www.dashilar.org/#.

[6] 史家社区网站：http：//bj.ccn360.com/bj/sjsq/index.jsp.

[7] 微信公众号"旧城吃喝玩乐地图".